KB246713

예술을 팝니다

창의성을 돈으로 바꾸는
예술비즈니스 실전 가이드

신다혜
이지현
지음

ART FOR
SALE

№6300928

예술을 팝니다

21세기북스

왜 지금, 문화예술인가

최근 몇 년 사이 한국의 문화예술 생태계는 눈에 띄게 새롭게 변모하고 있다. 예전에는 일부 계층의 취향 영역으로 여겨졌던 미술관과 박물관이 주말마다 시민들로 붐비고, 공연장과 페스티벌에는 긴 줄이 늘어선다. 전시 오픈 소식과 공연 예매 일정은 SNS를 통해 실시간으로 공유되며, '피켓팅'이라는 신조어가 생길 만큼 예매 경쟁도 치열해졌다.

과거에는 고흐, 모네 같은 미술사 거장 전시에만 열광하던 대중이 이제는 국립현대미술관을 비롯한 국·공립 미술관, 그리고 동시대 작가들의 전시에도 같은 열기로 반응하고 있다. 뮤지컬, 콘서트, 연극 등 인기 공연은 몇 초 만에 매진

되고, 소극장 공연조차 입소문과 팬덤을 기반으로 연일 매진 사례를 기록한다.

2025년에는 한국 문화예술의 위상 변화가 더욱 선명해졌다. 한국 창작 뮤지컬이 처음으로 브로드웨이 무대에서 토니상을 수상한 것이다. 뮤지컬 〈어쩌면 해피엔딩〉은 제78회 토니상 시상식에서 작품상, 연출상, 극본상, 음악상, 남우주연상, 무대디자인상 등 6개 부문을 석권하며 세계적인 주목을 받았다. 더불어 〈케이팝 데몬 헌터스〉는 넷플릭스 전 세계 1위를 기록하며 글로벌 콘텐츠 경쟁력을 입증했다.

이 두 사례는 한국 창작물이 해외에서 예술성과 대중성을 동시에 인정받았다는 점에서, 문화예술이 더 이상 국내의 취향 세계가 아니라 세계가 함께 즐기는 산업적 자산으로 성장했음을 보여준다.

이제 문화예술은 특별한 날의 이벤트가 아니라, 일상과 산업을 변혁시키는 흐름이 되었다. 사람들은 예술을 즐기며 스스로 콘텐츠를 만들고, 기업과 도시는 문화예술을 통해 새로운 기회를 발굴한다. 문화예술은 단순한 소비를 넘어 생산이며, 경험이자 비즈니스의 출발점이 되고 있다.

숫자로 보는 예술비즈니스 시장

이 변화는 통계로도 확인된다. 2022년 한국 미술시장은 처음으로 연간 거래액 1조 원을 돌파했고, 공연 시장 역시 1조 4,537억 원 규모로 이미 1조 시장을 넘어섰다. 2023년 국립중앙박물관은 한 해 동안 약 418만 명이 방문하며 전 세계 박물관 관람객 순위 6위에 올랐고, 같은 해 공연 티켓 예매 건수는 516만 건으로 전년 대비 18.4% 증가했다.

'문화예술은 수익성이 낮다'는 오래된 편견은 점점 힘을 잃고 있다. 문화예술은 그 어느 때보다 산업적, 사회적 가치가 높아지고 있으며 거대한 시장으로 도약하고 있다.

하지만 많은 사람들은 여전히 문화예술 시장을 '작고 제한적'이라고 인식한다. 그 이유는 통계 기준이 여전히 '거래액 중심'에 머물러 있기 때문이다. 미술 시장은 화랑·경매·아트페어 등에서 실제 거래된 작품 금액만을 합산해 규모를 판단하고, 공연 시장 역시 티켓 판매 매출 중심으로 시장을 측정한다.

그러나 오늘의 예술 소비 구조는 훨씬 넓고 다층적이다.

전시 입장권, 굿즈, 아트북, 도슨트 투어, 공연 대본집, OST 음원, 온라인 스트리밍, 체험형 클래스, 작가 강연 프로그램까지 이미 하나의 '예술 비즈니스' 생태계 안에서 연결되어 있다.

공연 산업에서는 음원·굿즈 매출이 티켓 수익을 넘어서는 경우도 많고, 미술관 역시 전시 연계 상품, 온라인 콘텐츠 매출이 작품 판매액보다 더 큰 비중을 차지하기도 한다.

즉, 우리가 보고 있는 '1조 원 시장'은 겉으로 드러난 표면일 뿐이다. 그 이면에는 관람, 체험, 교육, 콘텐츠 유통, 굿즈, 출판, 디지털 플랫폼으로 이어지는 방대한 산업 생태계가 존재한다. 이 복합 구조가 바로 예술비즈니스의 진짜 성장 동력이다.

확장되는 예술비즈니스의 세계

따라서 질문은 바뀌어야 한다. "한국의 문화예술 시장은 왜 아직도 '1조'라는 틀로만 해석될까?" 답은 명확하다. 통계의 프레임이 여전히 '거래'에만 초점을 맞추고 있기 때문이다.

프레임을 넓히는 순간, 예술 시장은 우리가 생각하는 것보다 훨씬 크고, 앞으로 더욱 성장할 산업임을 확인할 수 있다.

오늘날 예술은 감상의 영역을 넘어 도시의 플랫폼이 되고 있다. 공연장과 전시장은 물론이고, 창작·기술·유통이 교차하는 복합 생태계가 구축되고 있다. 문화예술은 사회적 감수성과 자본, 미래 산업이 교차하는 지점에 존재하며, 바로 지금 이 순간에도 그 규모와 영향력은 확장되고 있다.

'예술은 작은 시장'이라는 고정관념은 이미 오래됐다. 오늘날의 예술은 관람과 경험을 중심으로 재편된 거대한 시장이며, 그 잠재력은 앞으로 더욱 커질 것이다. 이 책은 이러한 변화의 흐름 속에서 예술비즈니스의 진짜 규모와 작동 원리, 그리고 아직 숫자로 포착되지 않은 가치의 영역까지 폭넓게 탐색하려는 시도다. 단순히 시장의 외형을 해석하는 데 그치지 않고, '예술비즈니스'가 무엇이며 어디까지 그 범주를 확장할 수 있는지에 대해 과감히 정의하고자 한다. 시장은 우리가 어떻게 정의하느냐에 따라 그 크기가 달라질 수 있다는 전제를 바탕으로, 예술비즈니스가 지닌 잠재력과 확장 가능성을 현실적으로 조망하려 했다. 예술이 품고 있는 이러한 미래적 가능성을 감지하고, 그 안에서 전개될 예술비즈니스의 방향을 구체적으로 그려보고자 하는 시도이기도 하다.

차례

PART 2 | 예술 창업가를 위한 실전 가이드

1　시작하기: 아이디어와 창업 준비

2　구축하기: 첫 실적과 비즈니스 모델 구축

ART FOR SALE

PART 1

문화가 거래되는
시장의 탄생

1

예술비즈니스,

새로운 기회의 발견

ART FOR
SALE

예술에 비즈니스의
언어를 입히면

'예술비즈니스란 도대체 무엇일까?'

이 질문에 정확한 답은 없다. 예술의 정의가 시대와 맥락에 따라 달라지듯, 예술비즈니스 역시 고정된 개념이 아니기 때문이다. 다만 이 책에서 말하는 예술비즈니스란 '순수예술의 가능성과 가치를 기반으로 전개되는 사업 전반'을 가리킨다. 한마디로, 예술비즈니스란 예술가가 '문제의식'을 작품과 경험 등 가치 있는 원작 IP로 구현한 다음, 이를 통해 수익을 얻는 모든 활동을 가리킨다. '질문 → 작품/경험(원작 IP) → 연결(유통·관계) → 수익/영향'이라는 고리가 예술비즈니스의 구조인 셈이다. 지금부터 이 순환 구조가 기존 시장의 논리와 어떻게 다르며, 어떤 특징을 가지는지 살펴보자.

문제 해결이 아닌 '의미 생성'의 시장

일반적인 시장의 논리는 간단하다. 사람들이 겪는 불편함을 찾아내고, 이를 해결할 제품이나 서비스를 제공하는 것이다. 이른바 문제-해결Problem-Solution의 구조다. 하지만 예술은 문제 그 자체, 즉 '세상에 질문을 던지는 행위'에서 시작한다. 따라서 예술비즈니스의 경로는 전혀 다르다.

창작자는 자신의 문제의식에서 출발해 작품이나 경험 등(원작IP)을 만들어낸다. '소비자'는 이를 접하는 과정에서 창작자의 문제의식에 공명할 수 있다. 의미의 울림을 매개로 새로운 수요가 생겨나면 이것이 수익으로 연결되며 또 다른 창작이 가능해진다.

경계를 넘나드는 예술의 확장성

예술비즈니스는 불편함을 해소하는 것이 아니라 새로운 감정과 사유의 장을 열어주는 산업이다. 이런 차별성 덕분에 예술비즈니스가 다루는 영역과 범위는 다른 소비재산업보다 훨씬 넓다. 이에 창작의 지속성을 위한 비즈니스 모델과 현금흐름의 설계가 다른 산업보다 훨씬 중요한 과제가 된다.

예술비즈니스는 하나의 장르나 활동에 국한되지 않는다. 음악·연극·무용·미술·문학 같은 기초예술에서 출발하지만 대중예술과의 경계를 허물고 XR, 미디어아트 같은 융합예술로까지 확장된다.

창작과 제작에만 머물지도 않는다. 큐레이션과 프로그램 구성, 아카이브를 통한 패키징, OTT나 스트리밍 같은 유통, 공연장이나 미술관을 넘어서는 디지털 경험까지 포괄한다. 나아가 원작 IP 확장, 굿즈, 교육, 브랜드 협업, 관광 연계까지. 예술은 더 이상 무대 위에만 머무르지 않는다.

거래 방식도 다양해졌다. 관객을 대상으로 한 B2C Business to Consumer, 기업·기관을 대상으로 한 B2B Business to Business, 공공기관을 대상으로 한 B2G Business to Government, 2차 창작·리셀 시장을 대상으로 한 C2C Consumer to Consumer까지 다양하게 확장되고 있는 것이다.

하나의 아이디어가 비즈니스가 되기까지

예술비즈니스는 작품 창작 단계에서 끝나지 않는다.

- **아이디어/질문** : 모든 시작은 창작자의 문제의식에서 비롯된다.
- **창작/제작** : 공연, 전시, 음악, 영상 등 원 저작물이 탄생한다.
- **패키징** : 큐레이션, 도슨트, 기록·아카이브 같은 맥락화 작업이 이루어진다.
- **유통** : 티켓 판매, OTT, 스트리밍, 전시 운영 등으로 관객과 만난다.
- **경험 확장** : 굿즈, 출판, 교육, 커뮤니티 운영으로 새로운 접점을 만든다.
- **IP 확장/라이선싱** : 2차 저작, 판권, 협업, 관광 자원화 등으로 파생 수익이 발생한다.
- **자본·정산** : 펀딩과 투자, 정산·분배, 데이터 리포트로 투명성을 보장한다.

이 단계들은 서로 연결돼 있다. 한 단계에서의 성과가 다음 단계의 확장 가능성을 키운다. 이를 기반으로 한 수익 모델Revenue Models은 아래처럼 구분해볼 수 있는데, 몇 가지 모델을 섞을 수도 있다. 가능하다면 최소 세 개 이상의 수익 라인을 설계해 현금흐름을 다변화하고, 이를 통해 창작의 지속가능성을 확보하는 것이 좋다.

- **티켓/입장료:** 공연·전시, 온라인 유료 스트리밍(VOD/LIVE).
- **구독:** OTT/디지털 아카이브, 멤버십(혜택·커뮤니티).
- **커미션/제작비:** 기업·공공 의뢰형(브랜디드 공연/전시).
- **라이선싱/판권:** 음악·영상·이미지·대본 사용권, 리메이크권.
- **굿즈/출판:** MD, 한정판 프린트, 카탈로그/에세이/악보.
- **교육/프로그램:** 워크숍, 마스터클래스, 도슨트 투어.
- **광고/스폰서십:** 브랜드 협찬, 공동 캠페인.
- **데이터/리포트:** 관객 인사이트, 트렌드 리포트, 리서치 협업.
- **투자/수익배분:** 원작 IP 투자, 흥행 기반 배분, 조각 투자/공동 소유.

문화는 어떻게
거래되는가

예술비즈니스는 하나의 작품이나 전시로 끝나지 않는다. 핵심은 하나의 원작 IP에서 최소 세 개 이상의 수익 라인을 설계해 현금흐름을 다변화하고, 이를 통해 창작의 지속 가능성을 확보하는 것이다. 국내는 물론 해외의 주요 사례들을 구체적인 비즈니스 구조와 함께 알아보자.

1. 국립중앙박물관 - 헤리티지 비즈니스 모델

국립중앙박물관MMK은 전시·보존 기관에서 벗어나 문화상품 브랜딩과 상업성을 포괄하는 헤리티지 비즈니스 모델로 진화하고 있다. 2025년 상반기 '뮷즈MU:DS' 굿즈 매출은 약 115억 원으로 전년 대비 34퍼센트 증가하며 박물관 역사상 역대 최고치를 기록했다. 온라인 방문자 수도 일평균 약 26만 명으로 대폭 증가했다고 한다.

이러한 성과는 전통문화 콘텐츠를 실용적이고 감성적으로 풀어낸 상품 기획력, 공공성과 수익성의 균형, 디지털 유통 기반을 활용한 확장 전략이 결합된 결과물이다. 국립중앙박물관은 '전통 유산의 현대적 상품화'라는 새로운 문화 비즈니스 지형을 성공적으로 개척해나가고 있다.

- **원작/콘텐츠** : 한국 전통문화·역사 콘텐츠를 기반으로 한 다양한 디자인 및 이미지 자산, 전시 작품, 미술품 아카이브, 전통 도상 이미지 등.
- **비즈니스 모델 구조** : 공공 소장품과 디자인 자산을 '뮷즈' 브랜드를 통해 상품화, 전통문화를 현대적 감성으로 재해석해 문화상품·굿즈·라이선싱 경로 생성.
- **수익 방식** : 전시 입장 무료화 → 관람자 수 증가 유도 → 굿즈 매출 및 온라인 커머스를 통한 수익 보완. 굿즈 브랜드 '뮷즈' 판매 수익은 2025년 상반기 기준 약 115억 원. 전년 대비 약 34퍼센트 증가, 역대 최대치 달성.

- **확장 포인트** : 전시 공간을 넘어 전통문화 콘텐츠의 상품화 플랫폼으로 확장, 〈케이팝 데몬 헌터스〉 등 K-콘텐츠 인기와 연계해 문화상품에 대한 수요 증가 유발, 온라인 방문자 수 폭증(일 평균 6만 → 26만 명).
- **수익 라인** :
  ① 입장 정책 – 상설전 무료화로 방문객 증가(문화상품 소비 유도)
  ② 문화상품 판매 – 뭣즈 브랜드 굿즈 판매 수익 확대(115억 원)
  ③ 온라인 쇼핑 – 바이럴을 통한 온라인몰 매출 상승
  ④ 공연/전시 연계 프로모션 – 인기 콘텐츠와의 연계 이벤트로 상품 소비 촉진

2. 베를린 필하모니 관현악단 - 디지털 구독형 콘서트홀

베를린 필하모니 관현악단Berliner Philharmoniker의 디지털 콘서트홀Digital Concert Hall은 스트리밍 서비스가 현장 관객을 잠식할 것이라는 우려를 불식시켰다. 온라인 구독과 별개로 현장 공연은 매진됐고, 해외 파트너십을 통해 새로운 구독자가 유입되기까지 했다. 이는 디지털 경험이 대체재가 아니라 보완재가 될 수 있음을 보여준다.

- **원작/콘텐츠** : 오케스트라 실황 공연, 아카이브 영상, 다큐멘터리.

- **비즈니스 모델 구조** : '디지털 콘서트홀'이라는 전용 스트리밍 플랫폼을 구축. 현장 공연 실황을 고화질 영상으로 제공하면서 구독 기반의 디지털 수익 창출.

- **수익 방식** : 개인/기관 구독료, 해외 파트너십을 통한 배급 수익. 현장 관객과 구독자가 상호 잠식하지 않고 병행 소비.

- **확장 포인트** : 팬데믹 이후 공연장의 대체재가 아닌 보완재로 자리매김. 글로벌 구독자 확대를 통해 전통적인 예술단체도 '플랫폼 기업'으로 진화할 수 있음을 입증.

- **수익 라인** :

  ① 티켓 매출 – 현장 공연 수익

  ② 구독 서비스 – '디지털 콘서트홀' 월/연간 구독료

  ③ 기관 라이선스 – 대학 · 음악원 등 교육기관 구독

  ④ 글로벌 배급 – 해외 파트너십을 통한 스트리밍 협력

  → 최소 4개 이상의 라인 설계

- **분석** : 디지털 구독으로 티켓 판매에 의존하지 않는 새로운 수익 풀을 개척. 현장 소비와 상호 보완되는 디지털 소비를 통해 공연예술의 플랫폼 산업 전환 가능성을 보여줌.

3. 테일러 스위프트 투어 - MD 기반 수익 엔진

공연현장의 MDMerchandis는 간과할 수 없는 수익원이다. 업계 보고에 따르면 일부 축제나 공연에서는 전체 매출의 30퍼센트 가까이를 MD가 차지한다고 한다. 테일러 스위프트의 런던 투어에서 값비싼 MD 상품이 전용 매장에서 빠르게 매진됐다는 보도도 있었다. 이는 공연의 가치를 '무대 위'에만 두지 않으면 경험 전체를 상품화할 수 있다는 사실을 보여준다.

- **원작/콘텐츠** : 투어 공연(앨범·세트리스트·아티스트 브랜드).
- **비즈니스 모델 구조** : 투어와 병행되는 MD 전용 매장을 운영. 티켓 판매 외에도 공연 전후 경험을 소비재화.
- **수익 방식** : 티셔츠, 포토카드, 한정판 상품 등 고가 굿즈 판매. 일부 공연에서는 MD 매출이 티켓 매출과 맞먹는 규모를 기록.
- **확장 포인트** : 공연의 핵심 가치를 '음악'에만 두지 않고, 팬덤 경험 전반을 경제화. '머천다이즈 컷merch cut[1]' 논쟁이 존재하지만, MD 자체가 새로운 공연 경제 구조의 중심임을 보여줌.
- **수익 라인** :

---

[1] 공연장 등에서 굿즈 판매 수익 중 일정 비율을 장소 사용료 명목으로 가져가는 것을 말한다. 인디 뮤지션들은 이를 착취적이라 비판하지만, 공연장 측은 공간·인력·결제 시스

① 티켓 판매 – 대규모 스타디움 투어 매출

② MD – 티셔츠, 포토카드, 한정판 굿즈 판매

③ 스트리밍·영상화 – 공연 실황 영상, OTT·VOD 유통

④ 스폰서십 – 글로벌 브랜드 협찬 및 공동 캠페인

　→ 최소 4개 이상의 라인 설계

- **분석:** 테일러 스위프트의 투어는 공연을 뛰어넘어 팬덤 경험 전체를 상품화한 구조. 티켓을 넘어 MD·영상·브랜드 협업으로 확장하며, 공연비즈니스가 체험 경제의 복합 상품이 될 수 있음을 입증.

4. 해녀의 부엌 - 지역 문화유산의 경험화

해녀의 부엌은 제주 해녀의 삶을 담은 공연과, 해녀가 직접 채취한 해산물을 맛볼 수 있는 식사를 함께 제공하는 극장식 레스토랑 운영 회사이다. 제주 해녀의 삶과 이야기를 문화적 경험으로 재구성해 단순히 음식을 먹는 식당을 넘어 공연·전시·체험이 어우러진 플랫폼으로 성장했다. 관광객에게 전통을 보존한 체험 상품과 콘텐츠를 제공하며 지역 문화유산을 지속 가능한 비즈니스로 확장한 것이다.

템 제공에 대한 정당한 수수료라 주장한다. 일부 공연장은 '굿즈 수익을 떼어가지 않는 공연장No Merch Cut Venue'으로 홍보하며 아티스트 친화적 이미지를 내세운다.

- **원작/콘텐츠** : 제주 해녀 문화와 서사를 담은 음식·스토리·공연.

- **비즈니스 모델 구조** : 제주의 해녀 문화를 단순한 '음식점'이 아닌, 공연·전시·체험이 결합된 복합 문화 경험으로 기획. 지역 문화유산을 현대적으로 해석해 관광과 연결.

- **수익 방식** : 음식·체험 참가비, 공연 관람료, 굿즈 판매, 지역 특산물 연계. 브랜드 협업을 통해 추가 수익 창출.

- **확장 포인트** :

  ① 공연을 중심으로 시작해 음식, 체험, 상품까지 이어지는 멀티레이어 경험 구조를 구축.

  ② 브랜드 협업을 통해 지역 문화유산을 '팝업스토어'라는 트렌디한 형식으로 재해석하고, 도시 젊은 세대가 공감하는 콘텐츠로 전환.

  ③ 지속 가능한 브랜드와의 협업을 통해 '공공성(문화 가치)'과 '상업성(비즈니스 성과)'의 균형을 추구.

- **수익 라인** :

  ① 다이닝 매출 – 해녀 식재료를 활용한 스토리형 메뉴 판매.

  ② 티켓 판매 – 공연·쿠킹클래스·해녀 토크쇼 등 체험 프로그램 참가비.

③ 브랜드 굿즈 판매 – 무신사 어스 콜라보 상품 출시 및 팝업스토어 진행.

④ 관광 연계 – 지역 특산물(해녀 만능장) 판매 및 관광 프로그램 연계.

→ 최소 4개 이상의 라인 설계

- **분석** : 해녀의 부엌은 전통을 있는 그대로 재현하지 않고, 음식·공연·체험·브랜드 협업으로 확장하며 하나의 원작에서 다층적 수익 구조를 만들었다. 로컬 문화유산이 현대 도시 소비자에게 어떻게 재해석될 수 있는지 잘 보여주는 사례다.

5. 아이디어스 - 창작자 플랫폼 모델

아이디어스는 수만 명의 공예·예술 창작자와 소비자를 직접 연결하는 플랫폼으로, '작은 창작'을 하나의 시장으로 성장시킨 대표적인 사례다. 온라인 유통과 커뮤니티 기반 판매 구조를 활용해, 공예품과 예술작품이 더 이상 오프라인 전시장 중심의 제한된 유통 방식에 머물지 않고, 개별 창작자 중심의 시장으로 유통되고 소비될 수 있음을 보여준다. 이를 통해 예술비즈니스는 대형 기관 중심 모델을 넘어, 창작자 스스로 브랜드를 구축하고 팬덤을 형성하는 새로운 생태계로 확장될 수 있음을 시사한다.

- **원작/콘텐츠** : 개별 창작자의 공예품·작품·클래스.
- **비즈니스 모델 구조** : 개별 창작자(공예·예술가)와 소비자를 연결하는 온라인 마켓플레이스. 작품 판매뿐 아니라 창작자 브랜딩과 커뮤니티 형성을 지원.
- **수익 방식** : 거래 수수료, 프리미엄 광고·노출 서비스, 클래스·체험 프로그램.
- **확장 포인트** : '작은 창작'이 모여 하나의 시장을 형성. 예술비즈니스가 기관이나 대형 공연에 국한되지 않고, 개별 창작자 생태계로 확장될 수 있음을 보여줌.
- **수익 라인** :

  ① 거래 수수료 – 창작자와 소비자 거래에서 발생

  ② 프리미엄 노출·광고 – 입점 창작자 대상 유료 마케팅

  ③ 체험 – 창작자와 소비자 사이 온·오프라인 클래스 운영

  ④ 커머스 확장 – 굿즈·라이선싱 연계, O2O 유통

  → 최소 4개 이상의 라인 설계
- **분석** : '작은 창작'이 모여 하나의 시장을 형성할 수 있음을 보여

줌. 개별 창작자 원작 IP가 수익 다변화를 거쳐 생태계 단위의 비즈니스 모델로 발전할 수 있다는 점에서, 예술비즈니스의 분산적 확장 가능성을 증명.

다섯 사례 모두 '원작 IP → 최소 세 개 이상의 수익 라인 → 확장 포인트'라는 동일한 구조를 지니고 있다.

- **V&A** : 전시+라이선싱+굿즈+협업.
- **베를린 필하모니 관현악단** : 티켓+구독+기관 라이선스+글로벌 배급.
- **테일러 스위프트의 콘서트** : 티켓+MD+영상화+스폰서십.
- **해녀의 부엌** : 음식+공연, 체험+굿즈, 팝업+관광 연계.
- **아이디어스** : 거래 수수료+광고+클래스+커머스.

예술비즈니스의 핵심은 '작품 자체의 가치를 여러 차원에서 연결·분배해 새로운 경험과 시장을 창출하는 것'이다. 하나의 원작 IP가 세 갈래, 네 갈래로 뻗어나가면 창작은 비로소 지속 가능한 산업의 힘을 갖게 된다.

대표적인 비즈니스 모델 유형

예술비즈니스는 몇 가지 전형적인 유형으로 구분해볼 수 있다. 각 유형마다 수익 구조가 다르지만 공통점이 있는데, 바로 '창작의 문제의식을 시장과 연결하는 장치를 갖추었다는 점'이다.

- **공연제작사형** : 창작·제작 중심 → 티켓·투어·라이선싱·영상화.
- **전시기획사형** : 기획·큐레이션 중심 → 입장료·굿즈·출판·투어링.
- **플랫폼형(OTT/마켓플레이스)** : 디지털 유통·매개 → 구독·수수료·광고.
- **크리에이티브 스튜디오형** : 기업·공공 커미션 → 기획료·제작비·리테이너.
- **에듀케이션/커뮤니티형** : 클래스·리딩/리슨 클럽 → 구독·행사·키트 판매.
- **지역/관광 연계형** : 공간·도시·축제 결합 → B2G/B2B 계약·현장 매출·IP 확장.

예술, 비즈니스가 되다

예술비즈니스란 '예술을 팔고, 시장에서 수익을 창출하는 행위'만 의미하지 않는다. 이것은 세 가지 축의 교차점에서 비로소 성립한다.

첫째, 문제의식이다. 모든 예술은 질문에서 시작된다. 세계를 향한 물음, 삶을 관통하는 고민, 시대에 대한 응답이 예술의 출발점이다. 예술비즈니스가 성립하기 위해서는 이 예술적 동기가 분명해야 한다. 상품 제작 및 판매에 앞서 문제의식이라는 불씨가 있어야 하는 것이다.

둘째, 예술은 유·무형의 형태로 구현되며, 무형의 결과물은 지식재산권Intellectual Property으로 확장될 수 있다. 문제의식은 반드시 형태를 얻어야 한다. 회화, 공연, 전시, 오브제, 영상, 음악……. 어떤 방식이든 관객이 감각할 수 있는 실체로 구현돼야 한다. 이는 예술이 사회와 만나는 첫 번째 접점이자 이후 비즈니스적 가능성을 열어주는 원천 자산이다.

셋째, 연결과 분배(비즈니스)다. 만들어진 작품이 사회에 나오려면 유통 구조가 필요하다. 작품은 '전시 공간, 플랫폼,

티켓 시스템, 굿즈, 스트리밍 서비스' 등 다양한 방식으로 사회와 연결된다. 이 과정에서 발생한 수익과 가치는 다시 예술가에게 되돌아가 다음 창작을 가능하게 한다. 바로 이 선순환이 지속 가능성을 담보한다.

예술비즈니스란 예술적 문제의식을 사회와 지속 가능한 방식으로 연결하는 체계다. 질문을 작품으로 구현하고, 작품의 의미가 사회와 공명하며, 다시 수익과 가치로 되돌아오는 순환 구조를 형성한다. 이 과정에서 예술은 사회 속에서 살아 움직이며 여러 질문을 낳는다. 우리가 정의하는 예술비즈니스란 바로 이 '문제의식 → 작품(원작 IP) → 연결과 환류'의 고리를 끊임없이 이어가는 창조적 순환 구조다.

'내 프로젝트는 예술비즈니스인가?' 빠른 체크리스트

당신의 프로젝트가 예술비즈니스인지 확인해보고 싶다면, 아래의 10가지 질문에 스스로 답해보세요. 세 개 이상 '예'라고 답했다면 이미 예술비즈니스의 문턱을 넘은 셈입니다. 다섯 개 이상이라면, 당신의 프로젝트는 창작을 넘어 지속 가능한 산업의 구조를 갖추고 있다고 볼 수 있습니다.

항목	질문	내 프로젝트	공연 기반 예시 (전통 음악 기반 미디어 퍼포먼스)	미술 기반 예시 1 - 졸업작품 순환 프로젝트
① 창작의 출발점	창작의 출발점이 '질문' 혹은 '문제의식'에서 시작되었는가?	□ 예 □ 아니오	'젊은 세대가 전통 음악을 왜 낯설게 느낄까?'라는 질문에서 출발.	'미대 졸업생들의 작품은 전시 이후 어디로 갈까?'라는 문제의식에서 출발.
② 사업 아이템의 구체화	작품이나 경험이 구체적인 형태(원작 IP)로 구현되어 있는가?	□ 예 □ 아니오	전통 가락과 디지털 사운드를 결합한 미디어 퍼포먼스를 제작.	졸업 전시 이후 남겨지는 작품들을 위탁·대여·판매할 수 있는 온라인 플랫폼을 구축.

③ 확장 가능성	원작을 확장하거나 2차 저작·라이선싱이 가능한가?	☐ 예 ☐ 아니오	공연 영상을 아트북·사운드트랙·전시 콘텐츠로 확장 가능.	학생 작품을 콘텐츠화해 '신진 작가 큐레이션' 시리즈 영상으로 확장.
④ 비즈니스 구조	최소 2~3개 이상의 수익 라인을 설계했는가?	☐ 예 ☐ 아니오	공연 티켓+스트리밍+굿즈 판매로 구성.	작품 판매 + 대여 + 콘텐츠 광고 수익으로 다층적 수익 구조 형성.
⑤ 유저의 여정 설정	유저의 여정(발견 → 이해 → 구매 → 참여 → 재참여)을 고려했는가?	☐ 예 ☐ 아니오	공연 후 관객 커뮤니티 운영, 후속 워크숍으로 재참여 유도.	학교와 기업의 컬렉션 매칭 프로그램을 운영해 신진 작가와 시장을 연결.
⑥ 커뮤니티 및 리텐션	커뮤니티나 관계 유지 장치(멤버십·리텐션 등)가 있는가?	☐ 예 ☐ 아니오	'팬 멤버십'을 운영해 리허설 관람권·한정판 영상 제공.	졸업생 전용 멤버십 커뮤니티를 운영해, 창작 이후의 지속 활동을 지원.
⑦ 운영의 투명성	창작 지속을 위한 정산·분배의 투명성을 어떻게 보장하는가?	☐ 예 ☐ 아니오	창작진/출연진 로열티 퍼센트기반 정산 시스템으로 협업자별 수익 자동 분배.	블록체인 기반 등록·정산 시스템으로 작품 거래의 투명성을 보장.
⑧ 브랜딩과 스토리텔링	내 사업이 '한 줄로 설명 가능한 스토리'와 일관된 브랜딩을 가지고 있는가?	☐ 예 ☐ 아니오	'전통의 재생'이라는 키워드로 일관된 브랜드 이미지 구축.	'From Studio to World'라는 슬로건으로 브랜드 스토리 일관성 확보.

⑨ 자원과 협업 구조	혼자서 운영하기 어려운 부분을 보완할 수 있는 협력자나 네트워크가 있는가?	□ 예 □ 아니오	공연장 외에도 전시 공간, 축제 등 다양한 플랫폼과 연계.	학교·지자체·아트페어와 협력해 순회전 및 교육형 전시로 확장.
⑩ 지속 가능성과 확장 전략	1년, 3년 이후의 확장 가능성과 지속 가능성에 대한 전략을 가지고 있는가?	□ 예 □ 아니오	'전통음악+테크놀로지'를 기반으로 협업·교육·투어로 확장 가능.	향후 온라인 경매·공공 미술 커미션으로 지속 가능한 순환 생태계 구축.

★ 활용 팁

이 체크리스트는 스스로의 창작 프로젝트를 '사업의 언어'로 다시 바라보게 하는 도구입니다. '예'라는 대답이 많을수록, 이미 예술비즈니스의 고유한 순환 구조인 '문제의식 → 작품(원작 IP) → 연결과 환류' 속에서 일하고 있다는 뜻입니다. 아직 '아니오'가 많다면, 그 항목이 곧 다음 단계의 성장 과제가 될 수 있습니다.

2

우리는 왜

예술에 지갑을 여는가

ART FOR
SALE

예술이 '자산'이 되는 시대

예술 산업은 크기만 커진 것이 아니다. 사람들의 소비 방식과 접근 태도, 산업 구조까지 근본적으로 달라지고 있다. 예술이 '보는 것'을 넘어 '소유', '경험', '투자', '정체성', '브랜딩' 등 다양한 가치로 재해석되고 있는 것이다. 이 점에서 우리는 지금 매우 중요한 전환의 시기를 목격하고 있다. 지금부터 문화예술 산업이 계속 성장할 수밖에 없는 이유를 살펴보자.

불과 몇 년 전까지만 해도 예술품은 '아는 사람만 사고 즐기는' 영역으로 여겨졌다. 그러나 기술의 발달과 투자 시장의 변화는 예술에 접근하는 방식을 완전히 바꿔놓았다. 대표적인 예가 '조각 투자'다. 하나의 미술품을 1인당 1만 원 단위로 나누어 투자할 수 있는 플랫폼이 등장하며 예술품이 하나의 '자산'으로 인식되기 시작한 것이다.

해외에서는 현재 미국의 '마스터웍스Masterworks'[2]가 빠르게 성장 중이다. 바스키아, 뱅크시, 쿠사마 등의 유명 작품을 구매한 뒤 이를 다수의 투자자에게 지분 형태로 판매하는 마스터웍스는 일정 시간이 지나거나 가치가 상승하면 작품을 재판매하고, 그 수익을 배분한다.

마스터웍스의 발표에 따르면, 2024년 기준 총 23점의 작품 매각을 통해 약 6,100만 달러를 투자자에게 배분했다고 한다. 자사가 발표한 수치인 만큼 보다 공식적인 검증이 필요하며, 미술품 투자 전반에는 여전히 변동성과 리스크가 존재함에도 불구하고 마스터웍스는 비교적 높은 투명성과 제도적 안정성을 바탕으로, 미술품 투자 시장의 새로운 비즈니스 모델로 자리 잡아가고 있는 것으로 평가된다.

국내에는 음원 저작권을 자산으로 전환해주는 뮤직카우라는 플랫폼이 있다. 특정 음원의 저작권료 수익을 조각 내어 판매하고, 스트리밍 수익에 따라 매월 정산되는 구조의 플랫폼이다. 이는 예술을 '지속적 현금흐름을 창출하는 디지

---

2 바스키아 작품의 보유 기간은 1,398일, IRR은 6.3퍼센트의 수익률(초기 제공 금액은 5,688,400달러, 판매 금액은 8,000,000달러). 뱅크시의 「모나리자」는 1.5밀리언 달러에 팔렸고, 투자자에게는 연환산 수익률 32퍼센트를 기록했다.

털 자산'으로 바라보게 만든 획기적인 모델이다.

　뮤직카우의 대표적인 수익 사례는 가수 윤하의 히트곡 「사건의 지평선」이다. 이 곡은 음원 차트 역주행을 기록하며 폭발적인 스트리밍 수익을 올렸다. 초기 투자자들은 6개월 만에 약 70퍼센트에 달하는 수익률을 경험했다.[3] 아티스트의 인기와 콘텐츠의 확장성에 따라 예술이 실질적인 투자 수익으로 이어질 수 있음을 보여준 것이다.

관람에서 참여로 확장되는 공연비즈니스

공연 분야에서도 아트테크적 접근이 점차 확산되고 있다. 대표적으로 팝펀딩popfunding 같은 공연 투자 플랫폼은 뮤지컬, 콘서트, 연극 등 다양한 공연 콘텐츠에 일반 대중이 투자할 수 있도록 설계돼 있다. 투자한 관객은 흥행 수익에 따라 일정 지분을 환급받는다. '관람'을 '참여'로 확장시키는 새로운 흐름이다.

　브로드웨이와 웨스트엔드를 중심으로 공연을 하나의 투

3　뮤직카우 공식 IR 자료 및 2023년 12월 보도자료 기준이다.

자자산으로 바라보는 모델도 확산되고 있다. 약 1,250만 달러의 초기 투자로 시작한 뮤지컬 〈해밀턴〉은 개막 1년 내에 원금을 회수하고 이후 600퍼센트 이상의 수익률을 기록했다. 디즈니플러스에 실황을 7,500만 달러로 판매하며 2차 수익까지 확보했다.[4] 약 1,400만 달러의 제작비를 투입한 뮤지컬 〈위키드〉는 15개월 만에 손익분기점을 돌파하고, 2022년까지 약 50억 달러 이상의 전 세계 수익을 기록하며 장기적인 ROI 모델[5]로 주목받았다.[6] 공연 IP의 자산 확장 가능성을 보여주는 사례인 디즈니의 〈라이온 킹〉은 브로드웨이에서만 약 19억 달러, 전 세계 누적 수익은 82억 달러를 넘어서며 공연 역사상 가장 높은 수익을 기록했다.[7]

한국 역시 '공연 IP 펀드'와 'K뮤지컬 글로벌 투어' 프로젝트가 활발해지고 있다. 2024년 인터파크 공연 티켓 통계에 따르면 국내 뮤지컬 시장 규모는 5,500억 원을 돌파했다. 이 중 약 12퍼센트가 해외 라이선스 수익에서 발생했다.[8] 국내 인기 창작뮤지컬 〈킹키부츠〉와 〈마리 퀴리〉는 일본·대만 투어 흥행으로 공연 IP 수익화를 입증하고 있다. 정부 역시 'K-콘텐츠 펀드'로 공연 IP 해외 유통과 OTT 실황 중계 사

4　《포브스》(2016), 《뉴욕타임스》(2020).

5　ROI 모델은 투자 대비 수익Return on Investment을 분석하거나 예측하기 위한 재무적 의사결정 모델을 말한다. 즉, '이 사업(혹은 캠페인, 프로젝트)에 투입한 돈이 얼마의 수익을 만들어내는가'를 계산하는 모델이다.

업을 지원하며, 공연·투자·기술이 만나는 생태계를 조성 중
이다.

티켓 판매에 더해 스트리밍 판권, 굿즈, 음반, 라이선스
등으로 수익 구조를 확장할 수 있는 공연 콘텐츠는 아트테
크와 결합함으로 하나의 자산으로 기능할 수 있는 충분한
가능성을 지니고 있다. 하지만 아트테크에서 예술이 자산으
로 기능한다고 해서 이것이 '투자의 새로운 수단'이기만 한
것은 아니다. 사람들은 아트테크를 통해 예술을 직접 소유할
수 있다. 이 같은 경험은 금융적으로 연결된 감성적 투자, 새
로운 형태의 컬렉터십 등장으로 이어지고 있다.

아트테크, 기회와 위험 사이에서

오늘날 문화예술은 더 이상 '돈이 안 되는 분야'가 아니다.
감성과 금융이 교차하는 새로운 투자 시장의 중심이자 창조
적 자산 포트폴리오로 자리매김하고 있다.

그렇다고 아트테크가 장밋빛 미래를 보장하는 것은 아

6 《플레이빌》(2005), 《포브스》(2019).

7 《브로드웨이리그》(2023).

8 《인터파크 공연통계》(2024).

니다. 예술작품은 주식이나 부동산처럼 객관적이고 즉각적인 가치 평가가 어려우며 시장 변동성이 크다. 특정 아티스트의 인기나 일시적 트렌드에 과도하게 의존하면 투자수익이 기대에 미치지 못할 수도 있다. 투자상품화 과정에서 작품의 예술적 가치가 훼손될 위험도 존재한다. 더불어 소액 투자 플랫폼의 확산은 예술 소비의 대중화를 이끄는 동시에 투기적 수단으로만 소비되는 '금융상품화의 함정'에 빠질 가능성도 있다.

아트테크는 예술을 새로운 자산으로 바라보는 흥미로운 시도이자 시장 확장의 기회이지만, 본질적 가치가 금융적 이익에 가려지지 않도록 제도적 안전장치와 문화적 균형이 함께 마련돼야 한다. 예술비즈니스가 진정으로 지속 가능하려면 투자와 수익을 넘어 예술이 던지는 질문과 경험이 존중되는 토대 위에서 아트테크가 작동해야 한다.

경험이 곧
정체성이 되는 사회

요즘 사람들은 왜 전시회에 가고, 공연장에 갈까? 단지 예술 작품을 보기 위해서?

오늘날 문화예술을 소비하는 행위는 감상을 넘어 '자기 표현의 수단'으로 기능한다. 전시회에 다녀왔다는 인증샷, 공연 관람 후 SNS에 남기는 후기, 공연장에서의 굿즈 구매 모두 '나의 취향'을 보여주는 방식이다.

MZ세대는 소비로 스스로를 규정하고, 말없이 자기 자신이 어떤 사람인지 보여주는 데 익숙하다. 서울 한남동의 전시회를 찾거나 카페에서 전시 연계 메뉴를 즐기는 모습, 문학 강연이나 낭독회를 다녀온 후 SNS에 인상 깊었던 구절이나 작가의 메시지를 공유하는 모습, 연극이나 뮤지컬을 보고 '이 배우가 제일 잘했다' 등 나름대로 평론하는 모습 등을 예로 들 수 있다.

최근에는 미술 감상 모임 등 사람들이 활발하게 활동하는 아트 커뮤니티가 늘어나고 있다. 전시를 함께 관람하고, 서로 해석을 나누는 과정에서 '예술적 취향을 공유하는 정체성 집단'이 형성되고 있는 것이다. 이러한 모임은 '나는 예술을 이해하고 즐기는 사람'이라는 자기 브랜딩을 가능하게 만들어준다.

문화 소비에서 정체성 소비로

아트 커뮤니티 활동 등은 단순한 '문화 소비'가 아니다. 내가 어떤 사람이고, 무엇을 중요하게 생각하며, 어떤 가치를 추구하는지 세상에 표현하는 방식이다.

예술은 그 자체로 감각적이며 철학적인 매체이다. 이 때문에 예술을 즐기는 사람은 '감각 있는 사람'으로 인식되곤 한다. 예술을 경험하는 행위가 곧 나의 브랜딩이 되는 시대에서 문화예술의 가치는 콘텐츠 그 이상이다. 예술이 곧 '나'를 표현하는 언어이며, 타인과의 정체성 경쟁에서 나를 차별화하는 수단이 되기 때문이다.

예술을 전략적으로
활용하는 브랜드들

예술은 더 이상 미술관 안에 머물지 않는다. 예술을 전략적 자산으로 활용함으로써 자신들의 정체성과 세계관을 표현하는 브랜드들을 떠올려보자. 고가의 럭셔리 시장을 중심으로 예술은 브랜드 가치를 극대화하는 도구로 자리 잡았다.

루이비통은 야요이 쿠사마[9]와의 협업으로 그녀의 시그니처인 도트 패턴을 핸드백과 의류 디자인에 적용했다. 일부 매장은 쿠사마의 예술 세계를 그대로 구현한 설치 공간으로 탈바꿈했다. 이는 단순한 마케팅이 아니다. '예술을 이해하고 경험할 수 있는 브랜드'라는 메시지를 소비자에게 전달하기 위한 루이비통의 노력이다.

또 다른 예로는 구찌의 피렌체 매장인 '구찌 가든'을 들

---

9   1929년 태어난 일본의 아방가르드 대표 화가 겸 조각가, 판화가다. 1993년 베니스 비엔날레 일본관에 초대 일본 대표로 참여해 수상했으며, 2003년 프랑스 예술 문화 훈장을

수 있다. 이곳은 구찌의 역사와 예술적 영감을 담은 복합적인 전시 공간이자 브랜드 뮤지엄이다. 소비자는 여기서 브랜드의 철학을 '체험'할 수 있다. 이는 브랜드에 대한 충성도를 높이는 작용을 한다. 또한 디올은 '디올 앤 아트Dior&Art 프로젝트로 수많은 현대미술 작가와 협업하고, 파리에서 열린 대규모 디올 전시를 통해 브랜드가 패션을 넘어 예술의 경지에 도달했음을 보여주었다.

브랜드 정체성을 확장하는 예술의 힘

예술을 전략적으로 활용하려는 이러한 시도들은 일회성 협업이나 화려한 이벤트로 끝나지 않는다. 브랜드의 목적은 예술로 정체성을 확장하며 소비자에게 '이 브랜드 제품은 하나의 세계관을 지녔다'는 인식을 심어주는 것이기 때문이다.

루이비통·구찌·디올이 보여주듯, 예술은 브랜드의 철학과 감성을 시간에 따라 견고하게 다져주는 장치다. 더불어 세대를 넘어 지속되는 서사를 제공한다. 한마디로 예술을 통

받았다. 이외에도 시드니 비엔날레, 타이페이 비엔날레 등 다수의 대형 국제전시를 비롯해 총 100여 회의 단체전 및 100여 회의 개인전을 열었다.

한 경험은 곧 브랜드의 유산을 구축하는 과정이다. 이는 럭셔리 브랜드가 오랜 시간 명품으로서의 자리를 유지하는 강력한 기반이 된다.

이 시대에 예술이 필요한
진짜 이유

현대인들은 지금 어디로 흘러갈지 예측하기 어려운 시대를 살고 있다. 사회와 기술, 경제는 하루가 다르게 변하는 중이다. 과거에 안정된 길이라고 여겨지던 것들은 더 이상 아무것도 보장해주지 않는다.

예술이 건네는 위로와 치유

좋은 학교를 졸업하고, 대기업에 입사해도 미래를 확신할 수 없는 현실 속에서 사람들은 점점 더 '자신에게 정말 중요한 것'이 무엇인지 묻고 있다.

'나에게 정말 중요한 것은 무엇일까?'

이 질문에 답하려 할 때 예술은 커다란 힘이 된다. 예술이 정답을 알려주기 때문은 아니다. 그 대신 예술은 우리를 멈추게 하고, 스스로의 감정과 목소리에 귀를 기울이게 만든다. 불안을 잠시 내려놓고, 마음속 깊은 곳에서 나를 다시 만나는 경험. 이것이 예술이 주는 가장 큰 선물이다.

팬데믹 이후 전 세계적으로 예술 기반의 명상, 아트테라피, 창작 워크숍이 늘어났다. 이것은 일시적인 트렌드가 아니다. 예술은 혼란 속에서 마음을 붙잡아주고, 삶의 균형을 되찾게 해주는 근육 같은 역할을 하기 때문이다. 하버드의과대학교의 연구(2022)에서도 일주일에 한 번 이상 예술 활동에 참여한 사람들은 그렇지 않은 사람보다 번아웃 발생률이 낮고, 회복력은 훨씬 높다는 결과가 나왔다.

예술은 불확실성을 견디는 힘이 되어준다. 흔들리는 시대 속 우리에게 단순한 '취미'가 아니라 내면의 근육을 길러준다. 그래서 지금, 예술은 그 어느 때보다 절실하다.

예술이 만드는 다음 시대,
그래서 우리는?

앞서 살펴본 네 가지 성장 동력은 예술비즈니스가 우리 삶의 방식으로 자리 잡아가고 있음을 보여준다. 여기에는 근본적인 이유가 있다. AI가 업무의 많은 부분을 대체하는 시대지만, 창조와 표현은 인간이 가진 고유한 힘이기 때문이다.

지금부터 우리는 어떤 가치를 중심에 두고 살아가야 할까? '속도'와 '효율'이 인간의 무기가 될 수 없는 시대에 남는 것은 결국 '창조'일 것이다. 감정, 표현, 해석, 사유 등 기계가 대체할 수 없는 인간 고유의 영역. 그 중심에 문화예술이 있다.

1조 시장을 넘어 확장 중인 문화예술은 아트테크, 경험 소비, 브랜드 전략, 정체성 구축의 도구로서 점점 더 많은 사람들의 일상에 파고들고 있다. 이제 질문을 던져야 할 시점이다.

'앞으로 우리는 예술과 어떻게 관계 맺어야 할까?'

모두를 위한 예술, 모두의 예술

오늘날의 예술은 소수의 전유물이 아니다. 누구나 예술가가 될 수 있고, 또 누구나 예술을 통해 표현할 수 있는 시대다. 영국의 미술가 안토니 곰리[10]의 〈One and Other〉(2009)는 이러한 변화의 본질을 보여준다. 그는 런던 트라팔가 광장의 좌대에 시민 2,400명을 무작위로 세워 각자 한 시간 동안 자신을 표현하도록 했다.

누군가는 춤을 췄고, 누군가는 아무 말없이 서 있었으며, 또 다른 누군가는 자기 이야기를 했다. 화려한 퍼포먼스가 아니어도, 사람들은 각자의 방식으로 참여하고 존재를 드러냈다. '잘했다' 또는 '못했다'의 평가를 넘어 과정을 함께하는 경험 그 자체가 예술이 됐다. 곰리는 결과보다 과정을 중시하며 삶의 본질적인 질문을 광장 한가운데로 불러낸 것이다.

10 1950년 런던에서 태난 영국의 화가 겸 조각가로 영국의 터너상 Turner Prize을 비롯해 다수의 미술상을 받았으며, 특히 공공미술에서 두각을 드러냈다. 인체를 개인의 기억이 보관되고 변형되는 장소로 이해하고 연구 중이다.

여기에서 영감을 받아 나도 시민들이 무대에 올라 10분 간 자신만의 이야기를 표현하는 〈한 평을 위한 모노드라마〉라는 프로젝트를 시도했다. 누군가는 체조를 했고, 누군가는 감정을 토해냈으며, 또 다른 누군가는 자신의 존재를 조용히 드러냈다.

중요한 것은 그들이 '무엇을 했는가'가 아니다. 무대에 올라 '표현했다'는 사실 그 자체다. 이것이 바로 예술의 본질이다. 표현하려는 욕망, 나를 이해하고자 하는 시도, 타인과 감정을 나누려는 의지. 예술은 이 과정들을 통해 우리를 회복시키고, 삶의 본질을 묻도록 만든다.

AI가 대부분의 일을 처리하는 시대, 사람들은 점점 더 자신이 누구인지 물으며 스스로의 감정과 목소리를 찾고 싶어 할 것이다. 인간은 본능적으로 창조하고 싶어 하는 존재다. 과거에는 예술을 업으로 삼은 사람들만 가능하다고 여겨졌던 '창조적 삶'을 이제 모두가 시도하고, 향유할 수 있다. 이 변화 속에서 예술가의 정의도, 예술비즈니스의 개념도 이전과는 달라지고 있다. 따라서 우리는 예술을 둘러싼 다양한 환경을 새롭게 읽어내고 다시 정의할 필요가 있다.

ART FOR SALE

예술 창업가를 위한
실전 가이드

SALE

예술 비즈니스는 '예술을 매개로 가치를 창출하는 모든 일'을 뜻한다. 작품을 팔거나 전시를 여는 일만이 아니라, 예술적 감수성과 비즈니스 전략이 결합해 새로운 시장을 만들어내는 과정 전체를 포함한다.

이 책의 두 저자는 각기 다른 방식으로 그 길을 걷고 있다. 누군가는 예술가의 창작을 비즈니스로 확장하고, 또 다른 누군가는 브랜드와 예술을 연결해 새로운 소비 경험을 만든다. 두 저자의 회사를 들여다보면 '예술 비즈니스란 무엇인가'라는 질문에 대한 가장 구체적이고 현실적인 답을 발견할 수 있을 것이다.

예술의 감수성으로 경영을 새롭게 해석한 신다혜 저자의
가치와 문화를 설계하는 비즈니스

필더필

필더필은 '크리에이티브 뉴 노멀Create New Normal'이라는 비전을 바탕으로, '새로운 문화를 설계하고 기획하는 문화기업Culture Firm'입니다.

문화기업이란 문화 자체를 설계하고, 유통하며, 재정의하는 기획조직을 뜻합니다. 문화와 기획, 시장과 예술이 만나는 교차점에서 새로운 기준을 만들어가고 있으며, 필더필이 만드는 기획은 곧 시대와 사람을 잇는 하나의 문화가 됩니다.

1. 문화기획 및 사회공헌 프로젝트

기업·기관과 함께하는 다양한 문화예술 프로젝트로 새로운 사회적 참여문화와 공감문화를 기획합니다. 즐거운 기부문화를 만들기 위해 시작한 기부 페스티벌 '산타런'은 다양한 대기업과 함께하며 약 2억 원의 기부금을 전달했습니다. 이를 시작으로 GS칼텍스 취준동고동락, 현대모비스 드라이브인 콘서트 등 새로운 방식의 사회공헌 사업을 선보였습니다. 특히 팬데믹 시기, '차량을 하나의 격리된 공간'으로 재해석한 드라이브인 콘서트는 위기 속에서도 예술을 경험하는 새로운 문화를 설계한 사례입니다. 또한 대한민국미술축제, 박물관·미술관 주간, 청년문화 주간 등 정부와 협력한 프로젝트들을 통해 예술이 일상에 더 자주, 가까이 스며드는 문화를 만들어가고 있습니다.

2. 공연·예술 유통 플랫폼 운영

디지털 기술을 활용해 예술이 더 넓고 빠르게 세상과 연결되도록 하며, 예술 유통과 창작자의 권리를 보장하는 새로운 문화를 설계합니다. 공연영상 특화 OTT 플랫폼 오아라이브OALIVE를 통해 언제 어디서나 공연을 관람하는 디지털 공연 관람 문화를 만들어나가고 있으며, 공정한 수익 배분 솔루션 '오아사인OASign'을 통해 투명하고 지속 가능한 정산문화를 정착시켜가고 있습니다.

3. 문화예술 기업의 지향점

필더필은 예술을 매개로 사람과 세대를 잇고, 세상과 세상을 연결합니다. 예술은 소통의 언어이자, 세상을 바꾸는 방식입니다. 필더필은 기획으로 공감의 문화를 만들고, 모두가 함께 나아갈 새로운 일상의 기준, '크리에이티브 뉴 노멀'을 만들어갑니다.

경영의 언어로 예술의 감각을 이야기하는 이지현 저자의

예술을 통해 세상과 연결되는 법

널위한문화예술

'예술의 재미는 예술이 만드는 이야기다.' 널위한문화예술Art For You은 이야기를 통해 세상과 예술을 연결하는 예술스타트업입니다. 2022년 약 10억 원 규모의 Pre-A 투자 유치, 2024년 TIPS 선정, 현재 시리즈 A 투자를 진행 중입니다. 소풍벤처스·크립톤·신한캐피탈 등 주요 투자사와 함께하고 있습니다.

1. 소셜미디어 채널 운영

2018년 설립 이후 '널 위한 문화예술', '예술의 이유', '사적인 컬렉션' 등 다양한 소셜미디어 채널을 운영하며 약 145만 명의 유저와 함께 성장해왔습니다. 소셜과 디지털 매체를 기반으로 전시·지식콘텐츠·작품을 아우르며 시각예술 시장의 저변 확대에 기여하고 있습니다.

2. 예술 관련 커머스 운영

콘텐츠 생산을 넘어 전시 티켓 유통, 작품 원화 판매 등 커머스 영역까지 사업을 확장하며 성장을 이어가고 있습니다. 데이터 분석을 적극적으로 활용해 콘텐츠 제작 과정의 효율성과 체계화를 확보했으며, 이러한 노하우를 기반으로 국내외 아트 네트워크를 확장, 아시아 미술 시장에서 영향력 있는 플랫폼으로 자리매김하는 것을 목표로 하고 있습니다.

3. 문화예술 브랜드 소개

지금까지 300여 개 기업·기관과 협력하며 다양한 문화예술 브랜드를 소개했습니다. 100명이 넘는 국내외 작가와 함께 '사적인 컬렉션' 프로젝트를 운영하며 작품과 관객이 만나는 새로운 경험을 제시하고 있습니다. '사적인 컬렉션'은 100여 명의 국내외 작가의 작품과 이야기를 다양한 콘텐츠로 소개하며, 관객이 작품과 사랑에 빠지는 순간을 만드는 프로젝트입니다. 온·오프라인 전시와 기획을 통해 컬렉터와 관객이 자연스럽게 연결되는 장을 만들고, 전시 공간·브랜드 협업 등 여러 채널을 통해 예술 유통의 새로운 모델을 실험하고 있습니다.

널위한문화예술의 목표는 예술을 어렵게 소비되는 대상이 아닌, 누구나 즐기고 사랑할 수 있는 '일상 속 이야기'로 풀어내는 것입니다. 빠르게 성장하는 매체력과 커머스 경험을 바탕으로, 예술스타트업이 지닌 새로운 가능성을 열어가고 있습니다.

1

시작하기

아이디어와 창업 준비

ART FOR
SALE

예술밖에 모르는데,
진짜 창업이 가능할까?

필더필 창업 후 지난 8년간, 문화기획 또는 예술창업을 꿈 꾸는 사람들을 만날 수 있는 감사한 기회가 많았다. 지금도 1년에 700여 명 이상을 심사, 멘토링, 강연 등에서 만나고 있다. 이 같은 만남이 누적되며 나는 문화예술 산업의 한 가 지 독특한 특성이 알아차렸다. 바로 자기 분야에 대한 오랜 경력, 높은 이해도를 가진 예술가 출신이 많다는 것이다.

빠르면 초등학교, 늦어도 고등학교 때부터 전공을 시작 하다 보니 대학을 졸업하는 20대 중반쯤 되면 대부분 평균 10년 이상의 경력을 보유하게 된다. 그만큼 해당 산업에 대 한 이해뿐 아니라 애정도 남다른 편이다. 그렇다 보니 문화 예술 창업을 꿈꾸는 이들 중에는 예술가 출신의 비율이 압도적으로 높다.

최근 시장이 확장되면서 비예술인 출신들도 하나둘 뛰어들고 있기는 하지만, 그럼에도 아직 예술가 출신들의 비율이 높은 것이 사실이다. 이들을 만나면 10명 중 아홉 명에게 항상 이런 질문을 받는다.

"대표님, 어떻게 무용을 하다가 사업을 시작하셨어요?"

"대표님, 저는 숫자에 약해요. 회계, 세무 이런 건 무슨 말인지도 모르겠어요."

"저는 예술밖에 모르는데, 진짜 창업이 가능할까요?"

사업의 본질은 숫자가 아니라 감동이다

예술밖에 모르고 살았던 만큼 전공 분야를 애정하고, 또 깊이 들여다보며 살았는데 왜 창업 앞에서 주저하게 되는 걸까? 그건 어쩌면 '사업'은 '숫자놀이'라는 편견에 뒤따르는 압박 때문일지 모른다. 하지만 내 생각에 사업의 본질은 숫자놀음이 아니라 '감동을 주는 일'이다.

어떤 제품을 샀다고 가정하면 어떤 상황에서 감동을 느낄까? A라는 제품이 기존 것 대비 훌륭한 성능을 가지고 있을 때? A라는 제품이 감각적으로 아름답고 멋질 때? A라는 제품에 문제가 생겨서 서비스를 맡겼는데, 그 A/S 과정의 응대가 너무도 만족스러울 때?

이외에도 다양한 감동 포인트가 있을 것이다. 감동한 지점은 각자 다르더라도, 감동을 받은 사람들은 자연스럽게 어떠한 행동을 하게 된다. 감동받은 순간을 SNS에 올리기도 하고, 친구를 만날 때 직접적으로 추천도 한다. 재구매 후 선물하며 다시 한번 그 제품의 좋은 점을 열심히 설명하기도 한다.

'감동'은 한 푼도 들이지 않고 신규 고객을 유입할 수 있는 가장 강력한 수단이다. 바로 여기에, 예술가들의 진짜 경쟁력이 있다. 예술가들이 제품이나 서비스를 제공하는 일에는 서툴지라도 '감동의 경험'을 전달하는 데는 탁월하기 때문이다. '감동을 기획하는 일'을 훈련하며 살아왔기에 누군가를 울고, 웃고, 생각하게 하며, 위로하는 일에 익숙한 것이다. 감동을 만들어낼 수 있는 이는 결국 사람을 사로잡을 수 있다. 이는 사업의 본질과 가장 맞닿아 있는 능력이다.

예술가의 숨은 무기, 감동 기획 능력

예술가들은 '자기표현'에도 강하다. 오랫동안 본인을 설득력 있게 표현해내는 훈련을 해왔고, 그 감정과 메시지를 전달하는 데도 익숙한 것이다. 그덕에 사업 과정에서 만나는 수많은 미팅, 제안 발표, 협상 등에서 놀라울 정도로 빠르게 상대를 설득해낼 수 있다. 내가 왜 이 사업을 하는지, 왜 이 제품이 필요한지를 본인의 언어로 제대로 설명할 수 있다는 점이 예술가들의 큰 무기다.

무대 경험이 있다면 이 역시 이점으로 작용한다. 수많은 관객 앞에 서 본 예술가들은 발표나 피칭 같은 순간에 긴장을 덜한다. 스포트라이트가 낯설지 않기 때문이다. 오히려 그 순간을 즐기기도 한다. 이는 창업가에게 매우 큰 장점이다. 남들 앞에서 자신의 이야기를 당당하게 전달하는 능력은 시장에서 주목받는 첫걸음이기 때문이다.

회계나 세무 또는 사업 계획서 작성 같은 실무적 역량도 당연히 익혀야 하지만, 이것은 사업의 '기초체력'일 뿐이다. 넘기 힘든 벽이 아니니 배우고 반복해서 내 것으로 만들면 되는 일이다. 이보다 중요한 것은 감동적인 콘텐츠를 사람들에게 설득력 있게 전달하는 능력이다. 이 능력이 있다면 사업이라는 새로운 무대에서 충분히 설 수 있다.

'예술가가 사업을 더 잘한다'고 주장하려는 것은 아니다. 사업의 본질을 '감동'으로 본다면 '무엇으로, 누구에게 감동을 줄 수 있을까'를 끊임없이 고민하고 설계하는 사람이 좋은 창업가가 될 수 있다는 이야기다. 이런 사람은 더 빠르고 깊이 있게, 오랫동안 시장에서 살아남는다.

감동을 기획하고 전달하는 능력을 '예술가적 사고와 태도'라고 정의한다면? 이는 그냥 재능이 아니라 시대를 이끄는 자산이며, 오늘날의 사업을 움직이는 강력한 추진력이 될 수 있다.

새로운 아이디어보다 더 중요한 것

창업을 꿈꾸거나 막 사업을 시작한 사람들을 만나면 공통적으로 '새로운 것'에 대한 강한 집착을 느낄 수 있다. 이들은 아래와 같은 질문을 던지거나 이야기를 자주 한다.

"저는 완전히 새로운 아이디어가 없는데 어떻게 해야 할까요?"

"제 아이디어는 이제까지 세상에 없던, 완전히 새로운 것입니다."

"제 사업 아이템은 아무도 생각하지 못했던 거예요!"

창업 초기 이러한 열정과 자신감은 매우 긍정적인 에너지일 수 있다. 그런데 꼭 세상에 없던 것을 만들어야만 사업이 성공하는 것일까?

『제로 투 원』를 쓴 피터 틸은 "기존에 없던 것을 만들어 낼 때만 진정한 독과점과 시장 지배력을 갖출 수 있다"고 강조했다. 맞는 말이고 매우 설득력 있지만, 여기서 반드시 염두에 두어야 할 점이 있다. 우리는 막 창업을 시작한 '초보 창업가'라는 사실이다.

세상에 없지만 반드시 필요하고, 사람들의 잠재적 욕구를 정확히 겨냥한 새로운 무언가를 찾아내기 위해서는 굉장히 깊고 넓은 경험과 전문성을 토대로 한 탁월한 인사이트insight가 필요하다. 안타깝지만 초보 창업가는 대부분 아직 그런 수준의 통찰력을 갖추지 못한 상태일 가능성이 매우 크다.

작은 차별성이 만드는 퍼플오션

초보 창업가에게 현실적인 전략은 무엇일까? 나는 블루오션 Blue Ocean보다 레드오션Red Ocean에 관심을 가져보라고 권하고 싶다. 블루오션이란 경쟁이 거의 없는 새로운 시장을, 레드

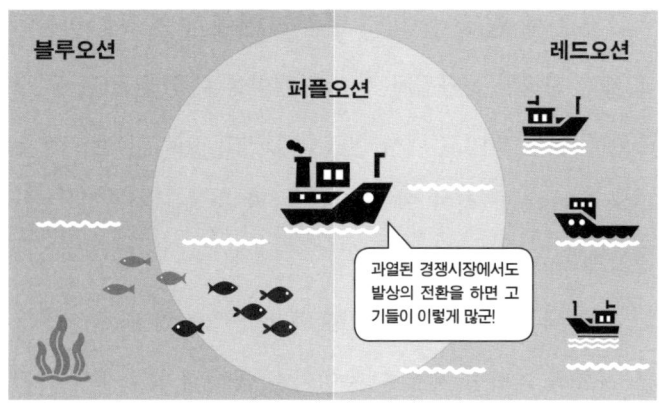

오션이란 시장이 포화 상태라 경쟁자가 무수히 많은 상태를 의미한다. 일반적으로 레드오션은 경쟁이 치열하고 가격 경쟁도 심한 어려운 시장으로 여겨지지만, 다르게 생각하면 많은 기존 고객이 존재하는 검증된 시장이라고 볼 수도 있다. 이 레드오션에 블루오션을 한 방울 떨어뜨리면 빨간 바다가 보라색 바다purple ocean로 변하게 된다.

필더필도 정확히 이런 방식으로 성장했다. 우리는 완전히 새로운 시장을 만들겠다는 마음으로 출발하지 않았다. 이미 존재하던 '문화사업대행'이라는 시장에 들어가되, 기존의 문법을 뒤집는 작은 차별성을 더했다.

'영업하지 않는 회사'를 만들다

문화기획 대행업은 보통 기관이나 기업이 발주하는 프로젝트를 수행하는 방식이다. 대부분 제안요청서RFP를 분석해 제안서를 작성하고, 입찰에 참여한다. 입찰 절차가 필요 없는 수의계약의 경우에는 담당자와의 관계를 위해 영업전화를 걸거나, 메일을 보내면서 직접 만나기 위한 기회를 꾸준히 만든다.

이런 구조는 초기 스타트업에게 불리하다. 실적과 신용점수가 부족하고, 네트워크 기반도 약하기 때문이다. 게다가 문화예술 분야는 다른 산업보다 '선택받는 것'의 가치가 훨씬 크게 작용한다. 연예인을 떠올려보면 쉽게 이해할 수 있다. 보고 싶어 하는 사람이 많아질수록 50만 원이던 출연료가 5,000만 원, 1억 원으로 오르듯 예술 분야에서는 '선택 그 자체'가 곧 가치가 된다.

우리는 전통적인 회사의 입찰 제안 방식 대신, 예술가의 방식을 택했다. 우리가 문제라고 생각하는 걸, 잘하는 걸 직접 보여주기로 한 것이다.

당시 사회적으로 기부금 유용 이슈가 잇따라 터지고 있었다. 우리는 '기부를 즐겁고 투명하게 바꿔보자'는 문제의식에서 출발해 '기부 페스티벌 산타런'을 기획했다. 달리고, 놀고, 즐기다 보면 기부가 되는 구조를 만들기 위한 시도였다. 첫해부터 KBS 9시 뉴스와 YTN, 연합뉴스에 생중계될 만큼 큰 반향을 일으켰고, 여러 기업이 "우리도 기부런을 함께 만들고 싶다"며 연락을 주기 시작했다. 우리가 먼저 찾아가지 않아도, 고객이 먼저 찾아오는 구조가 만들어진 것이다.

레드오션 속의 파란 점

필더필은 '문제의식 기반의 프로젝트'를 선보이며 자연스럽게 인바운드 중심의 비즈니스 모델을 만들어왔다. 회사의 규모가 성장한 지금도 전체 매출의 약 70퍼센트가 클라이언트의 직접 의뢰로 들어온다. 작은 차별성이 우리만의 브랜드 포지셔닝이 된 셈이다.

문화사업대행업은 정부·공공기관과 기업이 매년 수많

은 프로젝트를 발주하는, '예산이 확실한 시장'이다. 세계적으로도 MICE(이벤트, 전시·컨벤션) 산업은 2030년까지 약 2070조 원 규모로 성장할 전망이다. 그만큼 경쟁자도 많고, 진입장벽도 높지만, 기회 또한 명확히 존재한다.

그 안에서 우리는 '영업 대신 콘텐츠로 선택받는 방식'을 택했다. 시장의 구조를 부정하지 않으면서도 예술가처럼 스스로 질문을 던지고, 그 질문을 원작 IP로 시각화하는 전략이었다. 이 작은 파란색 한 방울이, 필더필을 '퍼플오션'의 기업으로 만들었다.

중요한 것은 '새로운 시장을 여는가'가 아니다. '기존의 시장 속에서 어떤 방식으로 새로움을 만들어내는가'이다. 창업 초기에는 완전히 새로운 아이디어에 집착하기보다, 이미 존재하는 시장의 작은 불편함과 놓친 욕구를 발견하는 것이 훨씬 현실적이다.

나 역시 언젠가 완벽한 블루오션에서 독점적인 위치를 점하는 사업을 해보고 싶고, 그런 인사이트가 있는 창업가가 되고 싶다는 욕심이 있다. 하지만 지금은 냉정하게 이미 존재하는 시장과 고객 중심의 접근을 우선시해야 할 때라고 생각한다.

아이디어의 참신함보다 중요한 것은 '시장이 실제로 존재하는가?' 그리고 '그 시장의 문제를 얼마나 깊이 이해해서 어떤 작은 차별성을 더할 수 있는가?'이다.

"창업은 새로운 세상을 만드는 일이 아니라, 이미 있는 세상을 새롭게 바라보는 일이다."

이것이 필더필을 운영하면서 내가 배운, 현실적이면서도 지속 가능한 사업의 방식이다.

회사 설립,
언제 어떻게 할 것인가?

'회사를 언제 설립해야 할까?'

이는 창업을 준비하는 사람들이 가장 먼저 하는 고민 중 하나일 것이다. 지금부터 이 고민에 답해보겠다.

지원사업을 위해 서둘러 법인을 세울 필요는 없다

초보 창업자들은 '법인을 빨리 세워야만 제대로 된 창업처럼 보인다'고 생각하는 듯하다. 정부나 지자체의 지원사업을 받으려면 법인이 유리할 것 같다며 조급해하기도 한다. 그러나 현실은 전혀 그렇지 않다.

대부분의 창업지원사업은 예비창업자 자격으로도 충분히 지원할 수 있다. 심사위원들이 중요하게 보는 것은 법인 설립 여부가 아니다. 그보다 중요한 것은 '아이템의 구체성, 실행력, 팀 역량'이다. 사업자 등록을 하지 않았다고 해서 딱히 불리하지도 않다.

그럼에도 많은 창업자가 '있어 보이기 위해' 혹은 '실적을 증명하기 위해' 서둘러 법인을 세우곤 한다. 때로는 억지 매출을 일으켜 증빙 자료를 만들기도 한다. 그러나 초기 검증에는 매출 외에도 다양한 방법이 있다. 예를 들면 다음과 같은 방법이다.

- 가설을 세우고 유저 인터뷰·설문조사를 진행한다.
- 웹사이트라면 간단한 프로토타입을 제작해 트래픽·체류 시간을 분석한다.
- SNS나 크라우드펀딩을 활용해 시장 반응을 확인한다.

이처럼 매출이 없어도 시장 검증validation은 충분히 가능하다. 법인을 너무 일찍 세우면 회계, 세금, 4대 보험 등 행정

PART 2 예술 창업가를 위한 실전 가이드

부담이 늘어날 뿐 아니라 일부 지원사업에서는 '창업 기간 제한' 때문에 오히려 불리해질 수도 있다.

법인을 세운다면, 지분 구조를 전략적으로 설계하라

법인 설립 시 가장 중요한 것은 '언제'가 아니라 '어떻게'다. 특히 지분 구조 설계는 이후 투자 유치와 경영 안정성을 좌우한다.

1. 공동창업자 및 초기 멤버 간 지분 배분

초기에는 기여도나 친밀감을 기준으로 지분을 나누기 쉽다. 하지만 불균형한 지분 구조는 갈등의 원인이 될 뿐 아니라 투자 단계에서 커다란 위험 요소로 작용할 수도 있다. 대표는 최소 50퍼센트 이상, 가능하다면 70퍼센트 이상 보유하는 것이 바람직하다.

초기 팀원에게까지 지분을 분산하는 것보다는 공동창업자를 명확히 정의하고, 나머지는 스톡옵션(주식매수선택권) 제도를 활용하는 것이 안전하다. 또한 공동창업자와도 반드시 주주 간 계약서를 작성해 일정 기간 내 이탈 시 '액면가로 지분 회수' 조항을 넣어야 한다.

2. 스톡옵션 제도의 활용

핵심 인재에게는 스톡옵션을 부여할 수 있다. 한국의 경우 발행 가능 범위와 절차가 법적으로 정해져 있으므로 정관에 미리 명시해야 한다. 초기부터 필요 이상으로 지분을 나누는 대신, 전략적으로 스톡옵션 풀을 마련해두는 편이 좋다. 단, 발행 시기와 조건은 신중히 설계해야 한다.

3. 투자 유치와 지분 회석Dilution

초기부터 지분을 과도하게 쪼개놓으면 시리즈 A~B단계를 거치며 창업자의 지분이 급격히 줄어들며 의사결정권이 흔들릴 수 있다. 투자를 받으면 기존 지분이 필연적으로 회석되기 때문이다. 이는 투자자 입장에서도 위험 요소다. 따라서 이후에도 여러 차례 투자 라운드를 거칠 수 있다고 가정하고 지분 구조를 설계해야 한다.

4. 투자자 관점의 고려

투자자들은 다수의 공동창업자가 비슷한 지분을 나눠 갖는 구조를 선호하지 않는다. 의사결정권자가 여러 명이면 갈등의 위험이 커지고, 신속한 경영 판단이 어려워지기 때문이다. 일반적으로는 대표이사가 최종 의사결정권을 행사할 수 있도록 지분과 의결권 구조를 명확히 설계하는 것이 바람직하다. 다만 특정 분야에서 회사 성패를 좌우할 만큼 중요한 핵심 인물Key Person이 존재한다면 상황이 예외적으로 달라진다. 이런 상황에서는 투자자들도 그 인물이 장기적으로 회사에 남아 기여할 수 있도록 의미 있는 지분율이나 스톡옵션, 혹은 베스팅[11]조건을 부여하는 방식을 선호한다.

창업을 위한 현실적인 조언

첫째, 지원사업부터 시작해도 충분하다. 지원사업은 예비창업자, 개인사업자 신분으로도 가능하므로 법인 설립을 서두를 필요가 없다. 법인이 없으면 행정 부담이 줄어드는 만큼

---

11 권리 부여 시 일정 조건(주로 기간)을 충족해야만 소유권을 확정해주는 것이다.

초기에는 시장 검증에 집중하는 편이 낫다.

둘째, 법인 설립은 성장의 분기점에 하자. 시장 검증을 마치고 고객 반응이 일정 수준 이상 나오거나 사업을 본격적으로 시작할 때 혹은 외부 파트너십·투자 논의가 구체화될 때가 법인을 세우기 가장 적절한 시점이다.

이 단계에서는 '형식 갖추기'를 넘어, 법인이 가져다줄 신뢰성과 협력 가능성을 적극적으로 활용할 수 있다. 또한 '왜 지금 법인을 설립했는가'라는 투자자와 파트너의 질문에 전략적으로 답할 수 있는 명확한 근거가 마련된다.

셋째, 지분은 나누는 것이 아니라 '설계'하는 것이다. 법인 설립 시 지분 구조가 이후 투자 유치, 경영권 안정성, 팀유지력에 직결된다. 단기적 공정함이 아니라 장기적 지속 가능성을 기준으로 설계해야 한다.

지원사업,
전략적으로 활용하기

'창업 초기 자금을 어떻게 마련해야 할까?'

대부분의 예비창업가가 가장 먼저 하는 고민일 것이다. 이때 생각보다 많은 이가 놓치는 중요한 사실이 있다. 우리나라에는 부처·기관·지자체에서 운영하는 수많은 지원사업이 존재한다는 점이다.

부처별·지자체별 지원사업, 나에게 맞는 기회를 찾아라

이 지원사업들의 의의는 '돈을 주는 것' 이상이다. 사업 모델을 검증할 기회, 네트워크를 확장할 기회, 신뢰를 확보할 기회까지 함께 주기 때문이다. 고로 창업가는 지원사업을 '운 좋으면 받는 것'이 아니라 '전략적으로 활용해야 할 자원'으로 인식할 필요가 있다.

정부 부처별로 지원사업의 성격과 강점이 다르기에 각각의 특징을 잘 살펴보고 자신에게 맞는 문을 찾아보자.

- **중소벤처기업부**K-Startup : 창업 지원의 '메인 허브'. 예비창업패키지, 초기창업패키지, 창업도약패키지 등 단계별 프로그램이 있어 창업자에게 가장 기본이 되는 지원사업.

- **문화체육관광부/예술경영지원센터** : 문화예술 기반 스타트업, 예술 콘텐츠 사업자에게 유리. 공연·전시·축제·예술경영 등과 연결되는 프로그램 다수.

- **고용노동부/한국사회적기업진흥원** : 사회적기업, 협동조합, 마을기업 등 사회적 가치 중심의 모델을 위한 지원. 인건비, 운영비 등 직접 지원을 받기도 수월한 편.

- **과학기술정보통신부/정보통신산업진흥원NIPA** : IT·플랫폼·콘텐츠 스타트업에게 유리. 특히 AI, 빅데이터, XR·메타버스 등 신기술과 관련된 사업에 집중.

지자체별 지원사업도 놓치지 말자. 서울, 경기, 부산 등 각 광역지자체와 산하 창조경제혁신센터, 문화재단, 테크노파크 등에서도 창업지원사업을 운영한다.

지자체 사업의 장점은 경쟁률이 상대적으로 낮고, 지역 네트워크와 연결될 수 있다는 것이다. 예를 들어 서울시의 청년창업지원센터, 경기문화재단의 예술기업 지원, 각 지역 창조경제혁신센터의 액셀러레이팅 프로그램 등이 있다.

개인 vs. 법인, 시기에 따라 달라진다

창업의 형태는 시기와 목적에 따라 달라져야 한다. 예비창업 단계에서는 개인사업자 자격으로 참여할 수 있는 지원사업이 많다. '예비창업패키지', '청년창업지원사업'처럼 법인 설립 전에도 도전할 수 있는 프로그램이 대표적인 예다. 법인 설립 전에도 충분히 기회를 잡을 수 있다는 뜻이다.

일정 시점이 지나면 법인 형태가 유리하다. '창업도약패키지'나 '사회적기업 인증', 'R&D 과제' 등은 법인 형태가 유리하거나 필수 조건이다. 지원사업의 단계와 성격을 고려해 '언제 법인을 세워야 할지'를 전략적으로 결정해야 한다.

모든 창업이 영리 모델일 필요는 없다. 예술단체는 사회적기업이나 협동조합, 비영리법인으로 등록해 안정적인 지원을 받기도 한다. 반드시 영리법인만이 답은 아니라는 점을 명심하자. 지속 가능성을 위해 비영리 구조를 선택하는 것도 충분히 전략적 선택이 될 수 있다.

지원사업을 활용하기 위한 현실적인 조언

지원사업에 선정되려면 우선 '우리 사업과 가장 잘 맞는 기관은 어디인가'를 찾아야 한다. 비즈니스 모델에 따라 다음 기관의 지원사업을 주의 깊게 살펴보자.

- **예술 기반 창업이라면?** 문화체육관광부, 예술경영지원센터, 한국문화예술위원회.
- **예술 임팩트 중심의 사회적 가치 중심 모델이라면?** 고용노동부,

사회적기업진흥원, 지방자치단체 사회적경제센터.

- **예술×기술 융합형 모델이라면?** 과학기술정보통신부, 정보통신산업진흥원NIPA, 콘텐츠진흥원.

- **일반 스타트업·플랫폼 모델이라면?** 중소벤처기업부, 창조경제혁신센터.

지원사업은 사업 아이템을 검증해줄 뿐 아니라 투자자나 파트너에게 '이 회사는 정부가 먼저 인정한 회사'라는 인상을 줄 수 있다. 지원사업을 적극적으로 이용하고 싶은 예비창업자라면 다음과 같은 점을 명심하자.

1. 지원사업은 전략이다

'자금을 받기 위해서'만이 아니라 '이 시점에 이 기관과 연결되면 이후 어떤 기회가 열릴까?'를 고려해야 한다.

2. 지원사업의 기록은 자산이다

한번 선정되면 이력이 쌓여 이후 심사에서 긍정적인 참고자료가 된다. '정부가 검증한 기업'이라는 평판은 투자자와 파트너에게 신뢰로 작용한다.

3. 우리에게 맞는 부처·기관을 집중 공략하라

모든 지원사업을 다 노리기보다 우리 사업의 성격과 가장 맞는 기관 두세 곳을 골라 지속적으로 도전하는 편이 효과적이다.

2024~2025 대표 지원사업 예시

구분	주요 기관/부처	대표 프로그램	지원 내용	신청 자격/조건
창업 일반	중소벤처기업부 K-Startup	예비창업 패키지	최대 1억 내외 사업화 자금, 교육·멘토링	예비창업자 (개인 가능)
		초기창업 패키지	최대 2억 내외 지원, 창업 3년 이내 대상	법인/개인 모두 가능
		창업도약 패키지	최대 3억, 스케일업 지원	창업 3~7년 기업 (법인 필수)
문화 예술	문화체육관광부/ 예술경영지원센터	예술기업 성장지원	공연·전시 기반 창업기업 지원, 컨설팅·홍보	법인·개인 가능 (예술 기반 사업)
	한국콘텐츠진흥원	창의기업 육성 프로그램	콘텐츠 제작·유통· 마케팅 자금 및 글로벌 진출	법인 중심
사회적 경제	고용노동부/ 사회적기업진흥원	사회적기업가 육성사업	창업 자금(최대 1억), 인건비 일부 지원	사회적 목적 창업팀, 예비 사회적기업
	지방자치단체 사회적경제센터	지역 사회적 경제 기업 지원	임대료, 마케팅, 네트워킹 지원	지역별 상이
기술 ICT	과학기술정보 통신부 / NIPA	ICT 창업·벤처 지원	AI, 빅데이터, 메타버스, XR 등	법인·개인 가능, ICT 기반
	중기부+창조 경제 혁신센터	민간투자주도형 기술창업지원 TIPS	민간 VC 투자 연계, 정부 R&D 최대 7억 매칭	법인 필수, 기술 기반 스타트업

2

구축하기

첫 실적과 비즈니스 모델 구축

ART FOR
SALE

기회를 기획하는 방법

창업 초기에 "일이 너무 많아서 힘들어요"라고 말하는 사람은 거의 없다. 대부분 '일을 어떻게 만들어야 할지 몰라'서 고민한다. 초기 단계에서는 브랜드 인지도도, 고객도, 파트너도 없기 때문에 스스로 기회를 만들어야만 한다. 그래서 많은 창업가(팀)들이 콜드메일이나 콜드콜을 보내며 자신을 알리려 애쓰고, 다양한 네트워킹 자리에 참여한다.

이처럼 '기회를 잡을 가능성'을 높이려는 행동은 칭찬받아 마땅하다. 아무것도 하지 않는 것보다는 당연히 훨씬 낫다. 하지만 시간 외에는 가진 것이 거의 없는 예비·초기 창업가라도 그 시간을 조금 더 효과적이고 전략적으로 쓰는 방법을 고민해보자. 기회를 기다리는 것이 아니라 '기획'해보는 것이다. 지금부터 이와 관련해 두 가지 실질적인 경험을 나누고자 한다.

작은 금액이라도 정부지원사업에 참가하라

필더필은 창업 초기 적으면 500만 원, 많으면 5,000만 원까지 다양한 정부지원사업을 통해 자금을 확보해왔다.

요즘은 내가 창업한 2016년보다 훨씬 더 많은 창업지원사업이 존재한다. 중앙부처, 산하기관, 지자체 등 다양한 주체가 창업가들을 지원하고 있기 때문이다. 그런데 창업가들은 규모가 크거나 유명기관에서 주관하는 사업에만 몰리는 경향이 있는 듯하다. 진짜 중요한 것은 '지원금의 액수'도, '기관의 명성'도 아닌데 말이다. 지원사업의 핵심은 그 사업을 통해 '어떤 사람을 만날 수 있는가'이다.

정부지원사업 담당자들은 그 자체로 강력한 연결고리라고 할 수 있다. 각 부처와 지자체에서 창업 생태계를 지원하고 있는 이들은 기본적으로 친절하고 협조적이다. 지원사업을 통하면 쉽게 만날 수 없는 '갑'으로 느껴지기도 하는 정부 담당자들과 자연스럽게 인연을 맺을 수 있는 것이다. 이들은 우리를 응원하고 도와주며 때때로 후속 사업의 기회를 열어 주기도 한다.

내가 지원사업에서 만난 수많은 실무자, 멘토, 동료 창업자과의 관계는 이후 수많은 비즈니스 기회로 이어졌다. 필더필은 이렇게 만난 담당자, 멘토, 같은 수혜기업(동기)을 통해 초창기부터 "일이 많아 죽겠다"고 말할 수 있는 여건을 만들 수 있었다. 이 중에는 지금도 함께 일하는 파트너가 많다.

즉, 나는 따로 시간을 내지 않고 지원사업에 열심히 참여하며 기회를 만들었다. 무상 교육과 지원금까지 받으면서 말이다. 정부지원사업을 '돈 받는 루트'가 아닌 '관계의 시작점'으로 바라보자. 진짜 기회는 그 안에 숨어 있으니 말이다.

나의 쓸모를 '예습과 나머지 공부'로 증명한다

관계를 착실히 다졌다면, 안면을 튼 기관이나 멘토들로부터 어느 순간 간담회나 자문회의에 초청받게 될 것이다. 이때가 바로 기회를 기획할 결정적인 타이밍이다. 이러한 제안을 받으면 우선 일단 무조건 "네, 참석하겠습니다"라고 대답하자.

'내가 뭘 말할 수 있지?',

'내가 아직 자문할 입장은 아닌데…….'

꽤 많은 초기 창업가가 이렇게 생각하며 망설이다 제안을 거절하지만, 이런 자리의 목적은 현장의 다양한 목소리를 듣는 것이다. 대단한 인사이트나 정답을 바라지 않는다. 우리의 경험 자체가 가치 있는 자리인 셈이다.

참석하기로 결정했다면 그다음에 할 일은 '자료를 미리 요청하는 것'이다. 간담회나 자문회의에 처음 참석하는 사람이 회의 분위기나 발언 흐름을 파악하는 것이 쉽지 않다. 어떤 안건이 논의될 예정인지, 어떤 방식으로 회의가 진행될지 사전에 정보를 확보하자. 그러면 불안감은 줄어들고 훨씬 정밀한 준비가 가능해진다.

여러 사람이 발언하는 회의에서는 타이밍을 놓치면 말할 기회가 아예 사라지기도 한다. 이에 사전 준비는 곧 발언권을 얻는 전략이 될 수도 있다. 어떤 자리든 초대된 순간부터

'내가 이 자리에 쓸모 있는 사람'이라는 것을 입증해야 한다. 미리 안건을 알아보고 준비하려는 행동은 그 자체로 '쓸모를 증명'하는 첫걸음이 될 수 있다. 이를 통해 처음 참여하는 자리에서도 긴장하지 않고 자신감 있게 발언할 수 있게 된다.

마지막으로 가장 중요한 전략은 바로 '나머지 공부'를 하는 것이다. 회의 후 돌아와서 못다 한 이야기를 정리하고, 추가로 건설적인 제안이나 아이디어가 있다면 문서로 정리해 보내보자. 이 작업은 다음과 같은 놀라운 효과를 만들어낸다.

첫째는 '감동'을 줄 수 있다. 회의 담당자는 당신이 정리한 내용을 보고 고마움을 느끼게 될 것이다. 회의 후 녹취록 바탕으로 보고 자료를 만드는 수고를 덜어줬기 때문이다.

둘째는 '리텐션'이다. 또 다른 회의나 자문 자리에 초대받을 확률이 급격히 높아지는 것이다. 해당 담당자가 다음 회의에 당신을 또 추천하거나, 다른 기관에서 추천 요청을 받으면 당신의 이름을 제일 먼저 떠올릴 수 있기 때문이다.

셋째는 선순환이다. 당신이 회의에서 제안한 아이디어가 다음 분기, 또는 다음 해 사업으로 실제 기획·반영될 수도 있다. 이 경우 그 사업을 실행할 주체로도 자연스럽게 연결될 가능성이 높다. 매출로까지 이어질 수 있는 것이다.

이는 모두 내가 직접 경험한 일들이다. 솔직하게 말하면, 처음에는 회의 후 아쉬운 마음에 더 말하고 싶은 것들을 정리해서 보냈을 뿐이다. 전략적인 행동이 아니었다는 이야기다. 그런데 이 행동이 누군가에게는 진심으로, 또 다른 누군가에게는 성실함과 실행력으로 다가갔다. 이는 자연스럽게 다음 기회로 이어졌다.

내가 정리한 문서가 내부 검토 과정에서 매우 유용하게 활용됐던 상황을 예로 들어보겠다. 담당자에게 깊은 인상을 남긴 결과, 나는 다른 회의에 또 초청됐을 뿐 아니라 아예 다른 기관에 추천을 받기도 했다. 회의 후 못다 한 제안이 다음 분기, 다음 해의 사업으로 기획되며 그 프로젝트의 실행 주체로 선정된 덕에 매출도 일어났다.

경험이 쌓인 지금은 '예습'이나 '나머지 공부' 없이도 현장에서 바로 필요한 이야기를 충분히 전달하기 쉬워졌다. 그럼에도 여전히 매 자리에서 적어도 둘 중 하나는 꼭 하려고 노력한다. 그 이유는 이 과정이야말로 능동적으로 기회를 기획하고, 미래의 성장을 준비하는 가장 효과적인 방법이라는 것을 알고 있기 때문이다.

기회는 오는 것이 아니라 만들어내는 것이다. 기회를 만드는 방법은 술 마시기, 전화, 골프 등 참 다양하다. 그중에서도 나에게 가장 매력적인 것은 업무하면서 맺어진 관계를 통해 기회를 만드는 방법이다.

앞에서도 말했듯이 나는 따로 시간을 내지 않고도, 내 사업과 관련된 일을 하며 자연스럽게 기회를 만들어냈다. 자문위원으로 만나는 또 다른 업계 전문가들과 인연을 맺으며 참석 사례비까지 받는 셈이니, 시간 대비 효율이 매우 뛰어난 방식이다.

창업가에게 가장 중요한 자원은 시간이다. 그렇기에 기회를 찾으려고 바쁘게 움직이기보다 지금 내가 하고 있는 일에서 어떤 연결이 만들어지고 있는지를 먼저 돌아볼 필요가 있다. 의외로 가장 큰 기회는 멀리 있는 것이 아니라, 이미 손 닿는 곳에 놓여 있는 경우가 많다. 그 가능성을 스스로 발견하고 확장해 나가는 것, 그것이 진짜 '기획의 힘'이자 창업가의 일이다.

사업의 방향을
어떻게 설정할 것인가

씨드머니 투자를 받은 초기 스타트업인 널위한문화예술에 말단 직원으로 합류한 나는 약 4년 뒤, 그다음 투자를 받고 난 후 공동대표가 됐다.

공동대표가 되자 직함과 함께 직업이 바뀌는 기분을 느낄 만큼, 시야와 사고방식이 완전히 달라졌다. 자연스레 사업을 바라보는 관점도 깊어졌다. 같은 문제도 이전과는 전혀 다르게 해석하게 됐다.

조직이 직면하는 문제는 매 시기 달라지지만, 한 가지 변하지 않는 원칙이 있다. 그것은 바로 거대한 메가 트렌드와 그 속의 미세한 마이크로 트렌드를 동시에 알아차려야 한다는 것이다.

메가 트렌드와 마이크로 트렌드, 두 개의 길잡이

메가 트렌드는 업계를 막론하고, 사회 전체가 어디로 향하는지 알려주는 거대한 나침반이다. 이 나침반은 우리가 속한 산업을 넘어, 인구 구조 변화·기술 혁신·정치·환경·문화적 흐름까지 아우른다.

디지털 전환이나 기후 위기 대응 같은 흐름은 특정 업종에만 해당되는 게 아니다. 사회 전체에 공통적으로 영향을 미친다. 기업가라면 이 거대한 방향을 읽어낼 줄 알아야만 한다. 나침반이 북쪽을 가리키는데 혼자 남쪽으로 가겠다고 고집을 부려봐야 의미가 없기 때문이다. 기후 변화 시대에 내연기관 자동차만 고집하거나 디지털 네이티브 세대 앞에서 오프라인 유통망만 붙잡고 있으면 어떻게 되겠는가?

한편 마이크로 트렌드는 내가 속한 업계, 내가 몸담고 있는 생태계 안에서 세밀하게 변화하는 좌표를 찍어주는 지도다. 이 지도는 메가 트렌드보다 훨씬 구체적이고 촘촘하다. 예술업계라면 'MZ세대 컬렉터의 부상', 'NFT 미술 시장의 급부상과 조정기', '미술관 내 굿즈숍 확장' 같은 변화가 바로 마이크로 트렌드다. 이는 거대한 나침반만으로는 보이지 않는 디테일이다.

■ 메가 트렌드와 마이크로 트렌드 비교

구분	특징	예
메가 트렌드	사회 전반에 걸쳐 거시적 흐름을 형성하는 거대한 파도	디지털 전환, 고령화, ESG 경영
마이크로 트렌드	특정 업계, 특정 집단 안에서만 일어나는 작고 민감한 변화	특정 예술 장르의 부상, 관람객 참여 방식의 변화

앞에서도 말했듯이 메가 트렌드가 업계를 막론하고 사회가 향하는 방향을 보여주는 커다란 나침반이라면, 마이크로 트렌드는 내가 속한 업계 안에서 '실제 전략'을 짜게 하는 세밀한 지도다.

솔직히 메가 트렌드를 알아보기는 의외로 쉽다. 매년 초에 쏟아져 나오는 트렌드 서적, 연구기관의 연차 보고서, 컨설팅사에서 내놓는 산업 전망만 살펴봐도 충분하다. '출판사들의 마케팅일 뿐'이라고 치부하기 쉽지만, 단 하나라도 건

질 만한 인사이트를 찾는다면 그 자체로 큰 수확이다. 매년 정리된 트렌드를 읽으면 무의식 속에 사회의 거대한 방향이 새겨진다. 알고 있던 사실도 다시 확인하면 '내가 놓치지 않고 잘 가고 있다'는 감각을 확인할 수 있다.

마이크로 트렌드의 중요성

나는 메가 트렌드보다 마이크로 트렌드를 강조하고 싶다. 사업 현장에서는 마이크로 트렌드가 치명적일 때가 많기 때문이다.

　지난 7년간 수많은 사람이 예술 산업의 가능성을 감지하고 사업에 뛰어들었으나 지금까지 살아남은 이들은 손에 꼽힌다. 왜일까? 대부분 예술을 멀찍이서만 바라보았기 때문이다. 겉으로 보이는 무궁무진한 가능성의 뒷면에는 업계 가까이 다가와야만 보이는 것들이 숨어 있다. 예술을 진정으로 사랑하지 않더라도 예술비즈니스에 도전할 수 있지만, 예술비즈니스에서 성공하려면 이 업계만의 생리와 특수성을 이해하려는 노력이 필요한 것이다.

미술 시장에서 한때 조각 투자, 미술품 공동 소유가 열풍처럼 번졌다. 미술 시장이 1조 원 시대에 진입했다는 뉴스와 함께 많은 이가 달려든 것이다. 그러나 성공적으로 안착한 사례는 드물다. 이유는 단순하다. '비싼 그림을 나누어 소유하면 언젠가 값이 오르겠지'라는 발상만으로는 절대 시장을 장악할 수 없기 때문이다.

컬렉팅을 가까이서 본 사람만 아는 것들

실제로 작품을 소장해보면 명품 가방이나 시계를 구입할 때와는 전혀 다른 감동이 찾아온다. 컬렉터들은 '세상에 하나뿐인 작품'을 소유한다는 사실에서 특별한 심리적 만족을 느낀다.

의외로 전시 기획자들이 컬렉터 집단의 핵심 고객이라는 점은 직접 경험해야만 알 수 있다. 미술 시장 통계에 잡히지 않는 커미션 작업, 즉 주문 제작 시장이 상당한 규모를 차지한다는 것도 업계 가까이에 있어야만 보인다. 겉으로는 경쟁하는 듯 보이는 갤러리들이 사실은 작가의 커리어 성장을 위해 공동 전시를 기획하고 보이지 않는 협업을 이어간다는 사실 역시 그렇다. 이 모든 것은 멀찍이 바라봐서는 알 수 없다. 직접 관찰하거나 스스로 소비자가 돼보아야 비로소 드러나는 풍경이다.

정리해보면 메가 트렌드는 방향을 잡게 한다. 다시 말해 거시적 시야 확보에 도움이 된다. 마이크로 트렌드는 실제로 어떻게 움직여야 할지를 알려준다. 이는 실전 감각의 확보를 도와준다.

예술 시장의 진짜 생리는 멀리서 보이는 '가능성'이 아니라 가까이서만 느낄 수 있는 '관계·습관·심리' 속에 숨어 있다는 사실을 잊지 말자.

새로운 비즈니스 모델,
어떻게 찾는 게 좋을까?

그동안 예술경영지원센터를 비롯해 여러 기관의 멘토링 프로그램에서 많은 예비창업자를 만났다. 대부분은 창업 준비 중이거나 씨드머니 투자를 유치하려는 단계의 팀들이었다. 이들의 질문은 거의 비슷하다.

"어떻게 비즈니스 모델을 만들어야 할까요?"

자신들이 준비하는 서비스가 예술 시장에 반드시 필요하다고 생각하지만 정작 누구에게 과금할 것인지 막연하다 보니, 실제로 매출이 발생하기는 할지 확신이 없어 불안한 것이다. 이미 사업을 시작한 초기 창업자 중에서도 예상보다 저조한 매출에 실망해 새로운 비즈니스 모델 추가를 고민하는 사람이 많았다.

여기서 주목해야 할 점이 있다. 비즈니스 모델을 여러 개 두는 것은 선택이 아니라 필수라는 것이다. 처음에는 하나의 핵심 모델로 출발하더라도, 시간이 지나면 반드시 수익 다각화를 고민해야 한다. 그러지 않으면 시장의 변화나 단일 매출원 감소에 쉽게 흔들리게 되고 만다.

콘텐츠에서 상품으로, 자신감으로 시작된 실험

널위한문화예술의 초기 목표는 명확했다. 예술이 가진 풍부한 스토리를 콘텐츠로 만들어내고, 이를 자체 매체를 통해 확산시키며 부가가치를 창출하는 것이었다. 지금은 전시 홍보나 작가 소개 콘텐츠가 흔하지만, 2018년 당시만 해도 미술 관련 유튜브 채널은 찾아보기 어려웠다. 이 덕분에 구독자도 꾸준히 늘고, 콘텐츠 바이럴도 됐지만 광고 문의는 거의 없었다.

다행히 한 대기업에서 첫 광고를 의뢰하며 상황이 달라지기 시작했다. 이를 계기로 광고 문의가 하나둘 들어오기 시작했고, 우리는 콘텐츠 형식별 단가 체계를 설정해나갔다. 이때 공동대표 대우 님은 우리가 만드는 콘텐츠에 대한 철학을 명확히 했다.

"우리가 만드는 콘텐츠는 영감이나 아이디어 차원의 산물이 아니라 일정한 퀄리티를 보장하는 하나의 상품Product이어야 한다."

어떤 편의점을 가든 같은 과자는 맛이 동일하듯, 우리의 콘텐츠도 어떤 클라이언트가 의뢰하더라도 같은 품질과 만족을 줘야 한다는 것이었다. 콘텐츠라는 무형의 자산을 다루는 팀이 반드시 가져야 할 태도라는 생각에 그의 설명과 철학에 동의할 수 있었다. 이후 구독자가 늘어남에 따라 콘텐츠 단가를 매체력에 맞춰 점차 상향 조정해갔다.

새로운 수익 모델의 탄생, 티켓바터

콘텐츠 사업이 안정화되던 중 흥미로운 사실을 하나 발견했다. 전시기획사들은 마케팅 예산이 거의 없다는 것이었다.

전시를 열려면 작가 섭외, 작품 운송, 공간 대관, 설치 등 막대한 비용이 필요하기 때문에 홍보에 소극적일 수밖에 없는 것이었다. 이들이 가진 자산은 바로 티켓이었다.

'광고비 대신 티켓을 받아서 판매해보면 어떨까?'

이 발상은 빠르게 실행에 옮겨졌다. 자체 커머스몰을 열고, 전시 소개 영상을 올린 직후 티켓 판매를 시작했다. 결과는 기대 이상이었다. 단 한 시간 만에 400장 이상의 전시 티켓이 매진된 것이다. 이 성과를 기반으로 더 많은 전시기획사와 접촉했고, 대부분 흔쾌히 티켓바터에 응했다.

여기서 널위한문화예술의 차별점은 명확했다. 티켓 판매에서 그치지 않고, 전시 소개 콘텐츠까지 제작한다는 점이었다. 기획사 입장에서는 추가 마케팅 비용 없이 홍보 효과를 누릴 수 있었고, 우리는 티켓 판매와 수수료라는 새로운 매출원을 확보할 수 있었다. 이렇게 만들어진 비즈니스 모델이 다양한 유료 전시회와 미술 관련 프로그램들이 입점하며 현재는 안정적인 커머스 사업으로 자리 잡은 '99티켓'으로 발전했다. 이 같은 비즈니스 모델의 다각화를 단계별로 정리하면 다음과 같다.

■ 비즈니스 모델 다각화 3단계 로드맵

1단계	핵심 모델 구축	• 처음에는 '단 하나의 뚜렷한 핵심 모델'로 출발해야 한다. • 이 모델은 '우리가 무엇을 하는 회사인지'를 명확히 정의해주는 상징이 된다. (예) 널위한문화예술 초창기 → '예술 스토리를 콘텐츠로 풀어내는 매체 모델'
2단계	시장 관찰 & 페인포인트 발견	• 핵심 모델이 어느 정도 자리 잡으면 시장의 빈틈을 관찰해야 한다. • 여기서 중요한 것은 고객이나 파트너가 가진 페인포인트를 발견하는 것이다. (예) 전시기획사들은 막대한 제작비 때문에 마케팅 비용을 거의 쓰지 못한다는 사실을 확인
3단계	상생 구조 설계	• 파트너의 페인포인트를 해결해주면서도 우리에게도 수익이 되는 윈-윈Win-win 구조를 설계해야 한다. (예) 기획사에서 광고비 대신 전시 티켓을 받고 → 이를 판매하는 커머스 모델 론칭 (결과) 기획사는 홍보 효과를 얻고, 우리는 새로운 매출원을 확보

대부분 단 하나의 핵심 모델로 사업을 시작하지만 시장은 언제나 변화한다. 그러므로 비즈니스 모델의 다각화는 운

명과도 같다.

무작정 새로운 사업을 벌이라는 것이 아니다. 핵심은 시장 플레이어들의 페어포인트를 찾아내고, 그들과 상생할 수 있는 구조를 만들어야 한다는 것이다. 예를 들어 전시기획사들의 가장 큰 어려움은 '좋은 전시를 만들어도 관객에게 알릴 예산과 채널이 부족하다'는 점이었다. 우리는 전시기획사의 부족한 홍보 역량을 콘텐츠로 메우고, 관객에게는 믿을 만한 전시 정보를 제공하며 새로운 연결 커머스 구조를 연결했다.

'첫 실적'을 먼저 만들자

초기 창업 멤버들은 자존감이 높고 자기 일에 대한 주인의식이 강한 편이다. 대표나 공동창업자일수록 더욱 그렇다. '내가 만든 브랜드', '내가 직접 만든 실적', '내가 이끈 프로젝트'라는 타이틀에 집착하는 것도 무리는 아니다. 하지만 이러한 태도는 사업의 성장을 더디게 만들 수 있다. 업계에서 나를 단단한 전문가로 인식시키는 데는 시간이 걸리고, 브랜드로 신뢰를 얻기까지는 그보다 더 오랜 시간이 필요하기 때문이다. 그래서 필요한 전략이 있다. 이미 신뢰와 네트워크를 쌓아온 '다른 조직'을 통해 성장의 지렛대를 마련하는 것이다. 솔직하게 고백하자면 필더필의 첫 실적도 이렇게 만들어졌다.

첫 실적은 '빌려서' 만들 수도 있다

26~27세에 불과한 풋내기들이 창업한 지 얼마 안 된 필더필은 예술과 콘텐츠에 대한 자신감만 있을 뿐 레퍼런스도, 실적도, 기업 신뢰도도 부족했다. 그러던 중 한국메세나협회에서 새로 들어온 기업 프로젝트를 함께 진행해보지 않겠느냐고 제안해왔다. 메세나협회는 업계에서 예술프로젝트로 정평이 난 공신력 있는 사단법인이었다. 우리는 필더필의 이름이 드러나지 않더라도 이 기회를 꼭 잡아야 한다고 판단했다.

이 프로젝트는 메세나협회가 오랜 기간 쌓아온 신뢰와 평판, 필더필의 신선한 콘텐츠가 서로의 강점을 강화하며 성공적으로 끝났다. 클라이언트였던 GS칼텍스와 현대모비스 역시 만족감을 표했다. 프로젝트가 잘 마무리되자 필더필은 자연스럽게 이후 프로젝트에서 조금 더 분명하게 이름을 드러낼 수 있게 되었다. 이때의 경험은 훗날 필더필의 포트폴리오와 신뢰도를 높이는 데 중요한 자산이 됐다.

이 프로젝트를 통해 알게 된 사실이 있다. 대기업이 스타트업을 선택할 때 주로 보는 건 '신선한 콘텐츠'가 아니다.

'신뢰할 수 있는 파트너인가?', '실행력이 검증된 팀인가?'를 더 중요하게 살펴본다. 신생기업이 단기간에 이런 기준을 충족시키기란 쉽지 않다. 하지만 공신력 있는 조직과의 협업으로 그 조직의 신뢰도를 '빌려 쓰는' 방식으로 실적을 만들어 낼 수도 있었다.

실적의 가치는 '증빙'이 아니라 '설득'에 있다

"우리 이름도 안 들어가는데, 열심히 할 필요가 있을까요?"

"결과적으로 남는 게 없다면, 이 일을 왜 하는 걸까요?"

"주최/주관사가 아니면 실적 증빙도 어려운데, 이걸 실적으로 말할 수 있을까요?"

초기 창업자들은 종종 이런 질문을 한다. 처음부터 주최/주관사로 당당히 이름을 올리고 실적 증빙도 확실히 되는 프로젝트를 맡을 수 있다면 가장 이상적일 것이다. 그러나 자본도 없고, 브랜드 인지도도 부족한 초기 스타트업이 처음부터 그런 조건을 바라는 건 과욕일 수 있다.

꼭 공식 문서에 찍혀 있어야만 '실적'이 되는 것이 아니다. 누구에게나 설명할 수 있는 자랑스러운 프로젝트, 납득할 수 있는 결과물이 있다면 충분히 소개서에 넣을 수 있다. 덧붙여 필더필은 몰라도 GS칼텍스, 현대모비스는 다들 안다. 필더필은 브랜드의 힘을 레버리지[12]한 셈이다.

이러한 포트폴리오는 사업 초기, 가장 중요한 무형 자산이다. 외부에서 우리 회사를 평가할 때 가장 먼저 확인하는 것이 '이들이 지금까지 어떤 프로젝트를 해왔는가'이기 때문이다. 작은 단위의 프로젝트라도 우리 팀의 실행력과 협업 역량을 보여주는 증거가 된다면 충분히 다음 기회의 발판이 될 수 있다.

마지막으로 프로젝트에 진심으로 임하면 클라이언트가 '이 팀 없이는 이 프로젝트가 불가능했겠구나' 깨닫는 순간이 온다. 그 순간부터 '병'이나 '정'의 위치에서 시작했던 관계가 '슈퍼병', '슈퍼을'로 자연스럽게 전환된다. 이때부터 우리가 그토록 원하던 실적다운 실적을 얻을 수 있다. 중요한 건 '내 실적이냐, 아니냐'가 아니다. 어떤 실적이든 '얼마나 빠르게, 얼마나 많이 만들어낼 수 있느냐'일 수 있다.

---

12 기업 등이 타인의 자본을 지렛대로 이용해 자기 자본의 이익률을 높이는 일을 가리킨다.

돈 쓰는 프로젝트가
필요한 이유

'돈을 쓰면서까지 이 프로젝트를 해야 할까?'

창업 초기 스타트업이 고민할 만한 지점이다. 당장 수익이 없는, 심지어 적자를 보는 프로젝트를 군이 해야 할까? 필더필도 이런 고민을 할 때가 있었다.

적자 속에 쌓은 첫 번째 브랜드 자산, 산타런

필더필의 경험으로 보면, 적자를 감수하면서 진행했던 프로젝트가 오히려 회사를 알리고 새로운 기회를 만드는 결정적인 계기가 되었다.

법인 설립 후 처음으로 필더필의 이름을 걸고 진행한 프로젝트는 기부페스티벌 '산타런'이었다. 당시 한국의 기부율은 OECD 최하위권이었다. 이 프로젝트는 전통적인 기부 방식만으로는 젊은 세대의 참여를 끌어내기 어렵다는 문제 의식에서 출발했다. 해외에서 '퍼네이션Funation(Fun+Donation)'이라는 개념이 확산되고 있다는 점에 착안해 우리도 '퍼네이션 페스티벌Funation Festival'이라는 이름으로 새로운 기부 문화를 제안했다.

행사 방식은 연말에 참가자들이 산타복을 입고 모여 5킬로미터 또는 10킬로미터를 달린 뒤 공연을 즐기며 페스티벌을 마무리하는 것이었다. 티켓 수익의 10퍼센트는 기부했다. 첫해에는 필더필이 지정한 기관에 일괄 기부했지만, 이후에는 참가자들이 기부처를 선택할 수 있게 했다.

캠페인을 연장해 후속 활동까지 이어간 결과는 놀라웠다. KBS 9시 뉴스, YTN, 연합뉴스 등 주요 언론에 보도됐을 뿐 아니라 행사 3회차에는 약 4,000명이 모여 일산 킨텍스를 가득 메운 것이다. 하지만 수익은?

첫해에는 적자, 2~3회차에도 본전 수준이었다. 그럼에도 불구하고 우리는 매년 산타런을 이어갔다. 이유는 단순하다. 이 프로젝트가 우리의 브랜드를 확립해주었기 때문이다.

손실보다 더 큰 이익: 브랜드와 기회

산타런은 직접적인 이익을 남기지 못했지만, 그 후 더 큰 기회를 가져왔다. 우선 기관 및 기업들의 의뢰를 꼽을 수 있다. 산타런의 성공을 본 정부기관과 기업들이 유사 프로젝트를 의뢰했다. 특히 기업 문화사회공헌사업 분야로의 확장을 빼놓을 수 없다. 대기업의 CSR[13]부서에서 기부런 형태의 사회공헌 프로젝트를 맡겼고, 하나의 콘텐츠가 20여 개 프로젝트로 파생되며 매출로 연결됐다. 현대모비스 기부런, 현대백화점 플로깅, 춘천시 어스워크, 울산 웨일워크. 한 NGO의 런앤런Learn&Run 등을 예로 들 수 있다.

마지막으로 강조하고 싶은 것은 브랜드 신뢰 효과다. 이 프로젝트를 통해 필더필은 '신생회사'가 아니라 의미 있는 프로젝트를 기획하고 실행할 수 있는 팀으로 인식되기 시작

---

13 CSRCorporate Social Responsibility(기업의 사회적 책임) 사업은 기업이 단순히 수익 창출을 넘어 사회·환경·문화적 가치 실현에 기여하기 위해 하는 활동을 말한다.

했다. 직접 수익은 적었지만, 산타런은 브랜드 포지셔닝과 지속적인 매출 기회라는 장기적 자산을 남겼다.

수익보다 가능성, 오아라이브의 도전

다음으로 필더필이 도전한 프로젝트는 '공연 특화 OTT 오아라이브'였다. 코로나19로 공연계가 큰 타격을 입었을 때, '공연이 영상화된다면 시공간의 제약 없이 소비될 수 있다'는 가능성을 보았기 때문이다. 예술가와 관객 모두에게 새로운 가치를 줄 수 있는 사업이라고 확신했다.

문제는 막대한 초기 투자에 위험이 뒤따른다는 점이었다. 우리는 고민 끝에 '돈을 쓰더라도 이 경험이 우리 회사를 컬처테크기업으로 자리매김시켜줄 것이다'라는 결론을 내렸다. 결과적으로 오아라이브 덕에 필더필은 혁신기업·스타트업으로 인식되기 시작했다. 완벽히 수익 구조가 안착하기까지는 시간이 걸렸지만 우리는 그 과정에서 새로운 파트너, 투자자, 관객을 얻었다. 그리고 2024년 중소벤처기업부 장관 표창(여성벤처부문)을 받았다. 그동안도 벤처기업이었지만, 돈을 쓴 이 프로젝트는 외부에서 우리가 원하는 회사의 이미지로 바라볼 수 있게 해주었다.

왜 돈 쓰는 프로젝트가 필요한가

모든 스타트업이 적자를 감수하면서 프로젝트를 진행해야 하는 것은 아니다. 그러나 이 같은 시도에는 분명히 의미 있는 효과가 있다.

첫째는 브랜딩 효과다. 직접 돈을 쓰며 주도한 프로젝트는 그 자체로 회사의 색깔을 명확히 드러낸다. 남의 돈을 받으면 제약이 많지만, 자본을 쓰면 우리 방식대로 표현할 수 있다.

둘째는 포트폴리오의 자산화다. 이런 프로젝트들은 단발성 이벤트로 끝나는 것이 아니라 이후 기업·기관의 수주 기회로 연결되는 '레퍼런스'가 된다.

셋째는 포지셔닝이다. 자체 프로젝트는 시장에 '이 팀은 혁신적이고, 실행력이 있다'는 메시지를 전해줄 수 있다. 이것이 모든 사업체에게 요구되는 것은 아니지만, 우리에게는 필요했다.

무조건 '돈 쓰는 프로젝트'를 해보라고 권할 수는 없다. 회사의 상황과 전략에 따라 때로는 무모한 선택일 수도 있기 때문이다. 그러나 필더필에게는 이 같은 선택이 분명 도움이 됐다. 손해처럼 보였던 프로젝트들이 브랜드 정체성을 확립하며 기회를 확장시켰다. 이 경험을 통해 우리는 중요한 교훈을 얻었다.

첫째, 회사 스스로 투자할 수 있는 여력을 만들어두어야 한다. 그래야 필요할 때 과감히 쓸 수 있다.

둘째, 경영진과 팀원 모두 적자가 아니라 '브랜드를 위한 투자'로 바라보는 시각을 가져야 한다. 그래야 내부 갈등 없이 장기적 성과를 기다릴 수 있다.

셋째, 돈 쓰는 프로젝트가 매번 정답은 아니지만 때로는 회사의 미래를 여는 투자일 수 있다.

3

도약하기

사람과 협업

ART FOR
SALE

공동창업,
함께하면 더 쉬울까?

많은 창업가가 혼자 시작하는 게 좋을지, 공동창업이 나을지 묻곤 한다. 그럴 때마다 나는 이렇게 대답하곤 한다.

"99퍼센트의 확률로 공동창업이 더 좋을 거예요."

나와 상황이 다른 예외가 있을 수 있기에 1퍼센트의 여지를 남기지만, 나에게는 체감상 100퍼센트다.

"성공한 스타트업 중 혼자 시작한 경우는 거의 없다. 스타트업은 혼자 시작하기에는 너무 어렵다"[14] – 폴 그레이엄

"나쁜 공동창업자와 함께하는 것보다는 없는 것이 낫지만, 혼자 창업하는 것 역시 바람직하지 않다."[15] – 샘 알트만

---

14 폴 그레이엄, 「The 18 Mistakes That Kill Startups」(2006).

15 Medium: 65 Quotes from Sam Altman on Startup Teams, Co-founding, and Hiring.

세계 최고의 스타트업 엑셀러레이터[16] '와이 콤비네이터 Y Combinator'의 창업가 폴 그레이엄은 단독창업자Single Founder를 스타트업 실패의 가장 첫 번째 요인으로 뽑았다. 오픈AI의 CEO 샘 알트먼 또한 공동창업자의 존재가 스타트업 성공의 핵심이며 "단독창업이 나쁜 공동창업자를 둔 것보단 나을 수는 있어도 훨씬 불리하다"고 강하게 주장하곤 한다.

성향과 강점이 다른 사람과 함께하는 것이 좋다

내가 처음부터 공동창업을 계획했던 건 아니다. 솔직히 창업 자체가 인생 계획에 없는 일이었다. 하지만 운 좋게도 두 명의 공동창업자(오혜리, 이정은)를 만났고, 세 명이 함께 필더필을 창업하게 됐다. 시간이 지나고 보니, 공동창업이 아니었다면 정말 큰일 날 뻔했다는 생각이 들 만큼 회사의 존립과 성장 여부에 있어 가장 중요한 결정을 운 좋게 잘 내렸다고 생각한다.

우리는 어떻게 큰 트러블 없이 지난 8년을 함께 버티며

---

16 스타트업의 빠른 성장을 지원하기 위해 자금, 멘토링, 네트워킹, 교육 등 다양한 프로그램을 제공하는 전문 기관 또는 프로그램이다.

성장할 수 있었을까? 의도한 것도, 계획된 것도 아니지만 지금 돌아보면 나름대로 이유들이 있었다. 정답은 아닐 수 있지만, 필더필의 사례를 토대로 공동창업을 고민하고 있는 이들에게 몇 가지 힌트를 주고 싶다.

우선 필더필 공동창업자인 우리 셋은 정말 다르다. 우리가 느끼기에도 다르지만 갤럽 강점진단, DISC, MBTI 등 객관적인 성향 진단에서도 서로의 차이가 확연히 드러난다. 이 덕분에 각자의 강점을 살려 자연스럽게 역할과 책임R&R이 분담됐다. 나는 주로 영업과 대외 협력을 맡고, CSOChief Strategy Officer(최고 전략 책임자)인 이정은은 분석과 전략 수립을 총괄하고, COOChief Operating Officer(최고 운영 책임자)인 오혜리는 프로젝트 전반과 고객사 관리를 총괄하며 내부 실행력을 높이는 역할을 맡았다.

공동창업 시 주의사항

공동창업에서 중요한 건 '다른 사람'과 '서로 다른 역할'을

'어떻게 설정하느냐'다. 말은 쉽지만, 창업 초기에는 이 두 가지 모두 결코 쉽지 않다.

첫 번째 난관은 성향이다. 사람은 본능적으로 자신과 비슷한 사람과 일하고 싶어한다. 성향이 비슷한 사람과 함께하면 말하지 않아도 척척 맞고, 초반에는 큰 갈등 없이 안정감을 느낄 수 있다. 문제는 모두가 비슷하게 생각하고 움직이기 때문에 시간이 지나면 어느새 같은 역할을 하고 있을 가능성이 크다는 점이다. 혼자 해도 될 일을 셋이 나눠서 하게 되면 자연스럽게 업무 효율이 떨어진다.

두 번째는 감정이다. 창업 초기, 급여도 제대로 받지 못하면서 함께 고생하는 파트너를 보면 자연스럽게 미안한 마음이 든다. 그래서 '내가 좀 더 해야지', '같이하자'는 식의 배려심이 생긴다. 그러나 좋은 마음에서 출발했더라도, 같은 일을 함께하는 건 성과를 반으로 나누는 일이 될 수도 있다.

목표는 같아도 역할은 달라야 한다. 세 명이 제각기 잘하는 영역을 맡고, 그에 책임을 다할 때 비로소 '3+a의 시너지'를 만들 수 있다. 미안함이나 배려심으로 인해 역할 구분이 흐려지면 예상외의 충돌이 생기며 전체적인 성과가 1에도 미치지 못할 수 있다.

그 사람의 이력과 경력보다 중요한 것

예비창업자들은 공동창업자를 고를 때 '이 사람이 어떤 학교를 나왔는지', '어떤 회사를 다녔는지', '어떤 프로젝트 경험이 있는지' 등 이력 중심으로 판단하곤 한다. 물론 커리어가 탄탄한 사람은 분명 매력적이다. 할 수 있는 일도 많을 수 있다. 하지만 초기 스타트업에선 그보다 훨씬 더 중요한 기준이 있다. 바로 '적성'과 '헌신도' 그리고 '러닝커브'다.

스타트업은 시스템이 갖춰진 조직이 아니다. 업무 경계가 명확하지 않고, 정해진 업무 매뉴얼도 없다. 어제까지 A라는 일을 하던 사람이 내일부터 갑자기 B라는 일을 해야 할 수도 있다. 이때 필요한 것은 '정답을 아는 사람'이 아니라 '모르는 일을 배워가며 해결할 수 있는 사람', 다시 말해 빠른 학습력과 유연성을 가진 사람이다.

필더필의 공동창업자들은 창업 전까지 문화예술, 이벤

트 현장에서만 활동했던 사람들이다. 사업에 대해선 모두 백지 상태였다. 하지만 스타트업의 속도와 리듬에 잘 적응했고, 무엇보다 '이걸 진짜 우리가 해낼 수 있을까?' 싶은 낯설고 막막한 상황에서도 끝까지 물고 늘어지는 헌신을 보여주었다. 이 같은 헌신은 스펙으로 가늠할 수 없다. 그 사람이 지금 이 사업에 얼마나 진심인지, 얼마나 오래 함께할 수 있을지, 성장하고 싶은 욕망이 얼마나 큰지 보아야 한다.

공동창업자는 화려한 이력이 아니라 처음부터 끝까지 함께 버틸 수 있는 사람이어야 한다. 비바람을 맞으면서도 방향을 잃지 않고 걸어갈 수 있는 사람. 스타트업에선 그런 사람이 가장 큰 자산이다.

서로의 욕망을 묻고, 지지해주기

공동창업자 사이에서 가장 중요하지만 자주 놓치게 되는 것이 있다. 바로 '서로의 욕망을 이해하고 존중하는 일'이다. 함께 사업을 하다 보면 어느 순간, 너무도 당연하게 '같은 목표를 향해 가고 있다'고 믿게 된다. 문제는 대부분 이 '같은 목표'조차도 제대로 이야기 나누지 않고 출발한다는 점이다.

어떤 사람은 회사를 크게 성장시키고 싶어 하고, 어떤 사람은 안정적인 수익 기반을 갖춘 작지만 단단한 회사를 원한다. 누군가는 5년 안의 해외 진출을 꿈꾸고, 또 다른 누군가는 육아와 병행할 수 있는 유연한 일터를 만들고 싶어 한다. 이처럼 욕망은 모두 다 다르다. 이런 차이를 미리 이야기하지 않으면 언젠가 반드시 충돌하게 된다. 그러니 공동창업자끼리 이런 질문을 주기적으로, 솔직하게 나눠보자.

"너는 창업을 통해 꼭 이루고 싶은 게 뭐야?"

"5년 뒤, 너는 이 회사를 어떤 모습으로 만들고 싶어?"

"너에게 성공은 어떤 의미야?"

"50세가 됐을 때, 경제적·사회적으로 어떤 상태면 만족
   할 수 있을 것 같아?"

"이 회사에서 너는 어떤 역할을 진심으로 바라니?"

이 질문은 주기적으로 서로에게 다시 물어야 한다. 사람은 계속 변하기 때문이다. 생애주기, 가족 상황, 건강, 나이, 주변 환경에 따라 같은 질문에 대한 답이 얼마든지 달라질

수 있다.

필더필의 공동창업자 셋은 20대 중후반에 만나 지금은 30대 초중반을 함께 보내고 있다. 그때 우리 셋이 이상적이라고 생각했던 삶과 지금 우리가 그리는 삶은 분명 다르다. 아마 3년 뒤에는 또 다른 대답이 나오지 않을까 싶다.

가장 중요한 건 여기서 멈추지 않는 것이다. 서로의 욕망을 들었다면, 그 욕망이 실현될 수 있도록 도와주는 것. 바로 그것이 공동창업의 진짜 의미다. 함께 일하는 동료 그 이상으로 서로의 인생과 비전을 지지하는 파트너가 돼야 한다.

욕망을 숨기면 트러블이 되지만, 나누면 추진력이 된다. 공동창업의 핵심은 서로의 다름 파악하고, 인정하고, 각자의 자리에서 최선을 다할 수 있는 구조를 설계하는 것이다. 다름을 제대로 알 수 있다면 이는 불편함이 아니라 시너지의 시작이다.

인재 찾기, 채용과 스카우트 뭐가 더 효과적일까?

내가 처음 합류했을 때 널위한문화예술 팀은 단 네 명이었다. 작은 팀이었지만, 각자의 역할이 뚜렷했다. 서로가 부딪히며 새로운 길을 만들어가던 이 시기 이후, 회사의 비즈니스 모델이 점차 구체화되고 새로운 프로젝트가 늘어나면서 더 많은 손이 필요해졌다. 그때 처음으로 공개 채용(공채)을 열었다.

지금도 기억에 남는 것은 채용 공고를 '사람 뽑습니다' 식으로 쓰지 않고, 회사의 비전과 우리가 하고자 하는 바를 최대한 정성껏 담아냈다는 점이다. 투명한 연봉 공개와 이 같은 노력이 맞물린 덕인지 예상보다 훨씬 많은 지원자의 서류가 도착했다. 그 순간 '우리의 이야기에 공감하는 사람들이 이렇게 많구나'라는 사실을 체감할 수 있었다.

조직이 네 명에서 여덟 명으로 늘어날 때까지는 모든 채용이 공채로 진행됐다. 그러다 팀 규모가 점점 커지고 사업이 복잡해지면서 공고만으로는 좋은 인재를 제때 영입하기 어렵다는 점을 깨달았다. 그래서 공채와 스카우트를 병행하기 시작했다.

채용 전략: 공채와 스카우트의 병행

인사(채용) 문제는 스타트업 동료들을 만나면 언제나 빠지지 않고 나오는 대화 주제이기도 하다. '좋은 인재 영입'은 어느 조직에서나 가장 큰 고민거리이기 때문이다.

우리 팀에 꼭 필요한 인재가 시장에 등장하자마자 바로 오퍼를 제안하고 합류시킬 수 있다면 제일 좋겠지만, 현실은 언제나 조건이 맞지 않거나 시기적으로 약간이라도 어긋나게 되기 마련이다. 그렇다고 공채만 고집하면, 적합한 사람을 기다리는 시간이 길어질 수 있기에 나는 공채와 스카우트를 반드시 병행해야 한다는 결론을 내렸다.

조직 규모가 아직 20명 이하이거나 혹은 그 이상의 조직이라 하더라도 핵심 포지션을 채우는 상황이라면 두 방식을 함께 활용하는 것이 훨씬 효과적이다. 물론 아무리 훌륭한 지원자가 와도, 그것을 알아볼 안목이 없다면 채용은 실패할 수밖에 없다. 그래서 널위한문화예술은 채용 시 몇 가지 원칙을 세웠다.

- **형식의 자유**: 포트폴리오와 이력서는 자유 형식으로 제출하도록 했다. 이때 학력과 나이는 기재하지 않아도 된다.
- **성공 경험**: 반드시 해당 직무와 관련된 성공 경험을 작성하도록 한다. 단순히 '이 일을 해봤다'가 아니라 실제로 어떤 성과를 냈는지 적어달라는 요청이다. 핵심은 그것이 전략적 시도였는지 혹은 우연이었더라도 이후 성공 요인을 분석하고 재적용했는지 알아보는 것이다.
- **역량과 궁합**: 콘텐츠팀 프로젝트 매니저 채용 시의 결정적인 질문은 '바이럴 콘텐츠를 만들어본 경험이 있는가'였다. 그것을 반복 가능한 역량으로 발전시킬 수 있는지도 중요했다.

면접 과정에서는 이러한 질문들을 바탕으로 지원자가 우리 팀과 잘 맞을지, 성장의 기회를 서로 주고받을 수 있을지 세심하게 파악했다. 그러다 보니 웃지 못할 에피소드도 많이 생겼다. 입사한 지 꽤 시간이 흘렀는데도 나이나 학력을 모르다가 뒤늦게 알고 놀란 적도 있고, 뛰어난 성과를 낸 사람이 전혀 예술 관련 전공이 아니기도 했다. 이는 채용에서 전공이나 배경보다 실제 역량과 태도가 훨씬 더 중요하다는 것을 다시금 확인시켜주었다.

달라지는 인재 시장과 우리의 고민

현재는 인재 영입 방식 자체가 훨씬 다양해졌다. 정규직 채용만이 유일한 방법이 아니라는 점을 인정한 덕이다. 누군가는 본인 사업을 유지하면서 다른 회사에 자문으로 참여하고, 또 다른 이는 여러 조직과 모듈식[17]으로 협업하는 형태로 일한다.

　　예술스타트업 분야에서도 프리랜서, 계약직, 파트타임

---

17 필요에 따라 외부 인재나 전문가가 일시적으로 팀에 합류해 함께 일한 뒤, 프로젝트가 종료되면 다시 흩어지는 프로젝트 기반 협업 방식. 마치 레고 블록을 조합하듯 상황과 목표에 따라 팀이 유연하게 구성되고 재배치되는 구조다.

협업이 활발히 이루어지고 있다. 이런 방식이 더 유연하고 효과적일 때가 많기 때문일 것이다. 중요한 것은 한 가지다.

'어떻게 하면 우리 조직이 더 현명하게, 더 많은 인재와 시너지를 낼 수 있는가.'

이 질문에 대한 답은 앞으로도 계속 진화할 것이다. 스타트업의 채용은 사람 하나를 뽑는 일이 아니다. 조직의 미래를 설계하는 일에 가깝다.

오늘의 채용이 내일의 조직 문화를 결정짓는다. 이것은 널위한문화예술이 지금까지 실험하며 배운 교훈이다. 예술 스타트업으로서 채용을 고민 중이라면 아래 체크리스트 다섯 가지를 참고하자.

1. 채용 방식: 공채와 스카우트 병행

• 공고만으로는 좋은 인재를 제때 만나기 어렵다.
• 공채는 다양한 지원자 풀을 확보할 수 있고, 스카우트는 꼭 필요한 인재를 직접 데려올 수 있다.
• 인원이 20명 이하인 초기 스타트업은 두 방식을 반드시 병행해야 한다.

2. 성공 경험 중심의 평가

• 학력이나 나이는 필수가 아니다. 중요한 것은 직무와 연결된 성공 경험이다.

(예) 콘텐츠팀 PM 채용 → '바이럴 콘텐츠 제작 경험이 있는가?', '그 성공이 전략적 기획인지, 우연이었는지 분석했는가?'

• 경험의 깊이를 통해 문제 해결 능력과 재현 가능성을 파악한다.

3. 문화 핏과 태도

• 전공이나 배경보다 중요한 것은 팀과의 궁합이다.

• 협업 과정에서 가치관이 얼마나 맞는지, 성장 지향성이 있는지가 장기적인 성과를 좌우한다.

• 때로는 비전공자가 더 뛰어난 성과를 내기도 한다.

4. 면접 질문 고도화

• 단순히 "이 일을 해봤습니까?"보다 "어떻게 성과를 냈고, 다음엔 어떻게 개선했습니까?"라는 질문을 던져야 한다.

- 이를 통해 지원자가 단순 경험자인지, 학습자·성장자인지를 확인할 수 있다.

5. 협업형 인재 활용

- 정규직만이 답은 아니다. 프리랜서, 프로젝트 계약직, 외부 자문 등 모듈형 협업 인재도 적극 고려해야 한다.
- 예술계는 유연한 업무 방식이 활발히 확산되는 만큼 다양한 형태의 인재 영입 전략이 필요하다.

직원이 생기면 대표는 무엇부터 바꿔야 할까?

'3R'이라는 말을 들어본 적 있는가? 대표가 반드시 해야 하는 세 가지 역할, 바로 'IR Investor Relations(투자자와의 관계 관리), PR Public Relations(대외 홍보), HR Human Resources(인적 자원·조직 관리)'의 줄임말이다. 요약하자면 돈도 끌어오고, 회사를 널리 알리고, 사람도 잘 챙기라는 말이다. 다시 말해, 그냥 다 하라는 이야기다. 이 말을 처음 들었을 때는 단지 대표들의 푸념 섞인 농담인 줄 알았다. 그런데 회사를 운영하다 보니, 이 말이 '진짜 현실'이라는 걸 체감하게 된다.

직원이 생기고 팀이 구성되기 시작하면 대표들은 무의식 중에 '이제 나는 그 일을 안 해도 되겠지'라는 생각을 하게 된다. '위임'이라는 멋진 단어를 떠올리면서 말이다. 어느 정도 맞는 말이다. 대표가 모든 걸 계속 직접 하고 있으면 회사는 절대 성장하지 못한다. 하지만 스타트업, 그것도 '소소 소기업'에서 위임이란 나보다 더 잘하는 누군가가 '와주었을 때' 가능한 일이다. 담당자가 갑작스럽게 떠나는 등 여건이 바뀌면 그 일은 다시 대표의 몫이 된다. 그 순간 '이것까지 내가 해야 해?'라는 생각이 들 수도 있다. 그럴 때 대표는 '내가 아니면 누가 이 일을 할 수 있을까?'라는 질문을 던져야 한다. 대표가 빈자리를 채우는 사람이기 때문이 아니라 빈자리를 먼저 봐야 하는 사람이기 때문이다.

대표는 '모두 다 해야 하는 사람'이다. '모두 다'의 우선순위와 에너지 배분이 시기마다 달라질 뿐이다. 회사의 성장 단계에 따라 어떤 시점엔 영업과 투자 유치가 중요하고(IR), 어떤 시점엔 브랜드와 이미지, 외부 커뮤니케이션이 더 필요하고(PR), 또 어떤 시점엔 인재를 뽑고 조직 문화를 다듬는 일에 집중해야 한다(HR). 전문가들이 충분히 자리 잡은 조직이라 하더라도 '그들이 언제, 어떤 방식으로 활약할 수 있게 하느냐'는 대표의 몫이다. 빈자리를 먼저 알아보고 채우려는 의지가 있어야 팀에 시너지가 날 것이다.

초기에는 IR, 생존을 위한 영업과 관계 맺기

필더필의 성장 과정에서 대표의 역할은 어떻게 달라졌을까? 초기에는 솔직히 IR이 전부였다. 생존을 위해 기회를 만들고, 매출을 내려면 영업과 관계 맺기에 집중해야만 했다. 당장 돈이 들어오지 않더라도, 시장에 살아남기 위해서 작은 기회라도 '우리를 먼저 떠올리게 만드는 접점'을 꾸준히 쌓아야 했다. 그래서 미팅 요청에 거의 빠짐없이 응했다. 작은 자리든 큰 자리든 직접 찾아가 발표하고, 설명하고, 설득했다. '지금 당장이 아니어도, 이들이 다음에 누군가를 찾게 될 때 필더필이 가장 먼저 생각나도록' 하는 것이 목표였다.

공동창업자들(오혜리, 이정은)이 내부에서 정성껏 기획서를 준비해줬다면 그 기획을 외부 언어로 번역하고, 기회를 실질적인 성과로 연결하는 일이 내 몫이었다. 그 과정에서 '대표가 직접 나선다'는 것 자체가 신뢰와 실행력의 증거가 돼 효과적인 결과가 나올 확률이 높다는 것을 배웠다. 이때의 감각 덕에 지금도 주요 미팅이나 발표 자리에는 가능한 한 내가 직접 나가고 있다.

자리 잡기 시작하면 PR, 회사를 알리는 일

회사가 조금씩 자리 잡아가자 PR이 중요해졌다. 우리 회사를 알리기 위해 SNS에 진행 중인 프로젝트를 꾸준히 업로드했다. SNS 밖에서도 많은 활동을 했다. SNS 홍보만이 PR은 아니기 때문이다. 초청 강연에서 우리의 관점을 전하고, 정부나 기관 간담회에 참여해 우리의 존재감을 알리고, 전략적으로 언론 노출을 설계하는 일도 PR의 일환이다. '대표가 말하는 회사'와 '회사가 보여지는 방식' 사이에 일관성이 생기자 이는 곧 회사에 대한 신뢰로 이어졌다.

지금은 HR, 조직을 설계하는 일이 최우선

지금은 HR에 많은 에너지를 쏟고 있다. 팀원이 늘어나고 역할이 복잡해질수록, 단순히 성과를 내는 조직이 아니라 함께 일할 수 있는 팀을 설계하고 조율하는 일이 중요해지기 때문이다. 아직 우리는 전문 HR 매니저가 없다. 정확히 말하자면, 아직 회사의 성장 단계가 전문 HR 인력을 둘 만큼 크지는 않다고 생각한다. 그렇다고 실무형 리더들에게 인사와 조직 문화를 오롯이 책임지라고 할 수도 없다. 각자 자신의 영역에서 성과를 내는 것만으로도 충분히 벅찬 상황임을 인지하고 있기 때문이다.

지금의 나는 스스로에게 '임시 HR 전문가'라는 역할을 부여했다. 어떻게 일하고 싶은지, 어떤 환경이 좋은지, 어떤 성장을 원하는지 ― 이런 이야기를 더 자주 듣고, 더 깊게 대화하려고 노력한다. 사람을 좋아해서라기보다는, 이 과정이 회사를 더 나은 방향으로 이끄는 일이기 때문이다.

그렇다면 지금 IR과 PR은 아예 안 하고 있느냐? 전혀 그렇지 않다. 여전히 제안서도 함께 쓰고, 미팅을 잡고, 강연과 미디어 대응도 병행하고 있다. 시간과 에너지의 '비율'이 이전과 달라졌을 뿐이다. 물리적 시간은 IR에 쓰고 있지만 머릿속과 마음은 HR에 가 있을 때도 있다. 단지 균형을 맞추고 있을 뿐이다.

대표의 일은 한번 정해지면 끝나는 게 아니라 '매일 다시 정해지는 일이 아닐까?' 하고 나는 생각한다. 매출이 필요할 때는 매출에, 팀이 흔들릴 때는 사람에, 회사를 알릴 때는 포지셔닝에 무게를 둔다. 이렇게 매일, 중심을 옮기는 감각을 키운 것이 창업 이후 내가 가장 많이 배운 '일'이다.

예술계에는 왜
열정페이 문화가 만연할까?

세간에는 예술업계의 연봉이 전반적으로 적다는 인식이 팽배하다. 이것은 일부 부정할 수 없는 사실이기도 하다. 이 때문에 다른 업계 인재들이 예술업계로 선뜻 넘어오지 않으며, 인재가 다른 업계로 이탈하는 일도 종종 있다. 예술비즈니스를 꾸려가고 있다면 이 주제에 대해 꾸준히 고민하지 않을 수 없는 까닭이다.

'예술 분야의 전문성을 증명하는 것이 왜 필요할까?'

예술계의 열정페이, 저임금 현상의 시작은 예술가/창작자의 특성으로부터 시작했다고 볼 수 있다. 변호사, 의사 같은 전문직 종사자들은 자기 직업을 구구절절 설명할 필요가 없다. 단어 하나로 사회적 신뢰와 전문성을 증명할 수 있기 때문이다.

예술가라는 직업은 이런 전문직과 전혀 다르다. 특별한 자격증이나 라이선스를 요구하지 않기에 누구나 스스로를 예술가라고 부를 수 있다. 한국문화예술복지재단에서 전시 경력 등을 기준으로 발급하는 예술인패스카드가 있긴 하지만 이것이 모든 예술가가 반드시 소지해야 하는 필수 증명은 아니다. 이 말은 곧 '누가 예술가인가?'라는 질문에 대한 답은 사람마다 다를 수 있다는 것을 의미한다.

예술은 자격증이나 시험으로 평가되는 영역이 아니다. 그러므로 '전문성을 증명하라'는 요구에 쉽게 답변하기 어렵다. 이는 공공기금 심사 과정에서 늘 '왜 나는 탈락했는가'라는 항의가 이어지는 까닭이기도 하다. 선정 기준이 아무리 명확하고 투명해도, 주관적 판단이 아예 개입되지 않을 수는 없기 때문이다.

예술계 종사자 상당수는 낮은 급여에도 스스로 선택한 일을 계속한다. 그만큼 애정과 헌신이 큰 것이다. 아이러니하게도 이런 모습이 '어차피 좋아서 하는 일 아니냐'는 사회적 편견을 불러일으키기도 하지만 말이다.

예술계 채용 문화의 변화: 연봉 공개

이러한 상황 속에서 널위한문화예술은 '채용 시부터 투명한 연봉 공개'라는 작은 시도를 시작했다. 약 5년 전의 첫 공개 채용 '에디터, PM 모집' 공고에 연봉을 명시한 것이다.

이 글은 SNS에서 큰 반향을 불러일으켰다. '좋아요'와 '저장 수'가 예상보다 훨씬 높았다. 첫 공개 채용이었던 당시 서류만 500건 이상 접수됐다. 서류 마감 5분 전에는 오대우 공동대표와 내 핸드폰에 1초 간격으로 지원 접수 알람이 떴다. 자정에 사이트 오류는 아닌지 어안이 벙벙한 채 서로 메시지를 주고받은 기억이 난다.

500건까지는 아니었지만 그래도 서류가 꽤 많이 들어올 것이라는 추측은 했다. 채용 진행 중 업계에서 '예술계에서 연봉을 공개하다니?'라는 반응이 쇄도했기 때문이다. 지원자들에게 '이 회사에서는 커리어적으로 성장할 수 있겠다'라는 인상을 어느 정도 남겼다는 생각도 들었다.

이후 지금까지도 연봉 공개 원칙을 고수하고 있는 까닭은 일차원적인 인재 확보 전략 때문이 아니다. 예술계의 모호함을 극복하려면 작은 회사나 스타트업일수록 스스로 전문성을 증명할 장치를 만들어야 한다고 생각하기 때문이다. 즉, 예술계 종사자들의 전문성을 사회적으로 인정받게 하려는 시도의 일환인 셈이다.

실질적인 팁: 예술스타트업에서 전문성 증명하기

가장 중요한 일은 프로젝트 포트폴리오의 정리다. 전시, 공연, 협업 사례 나열에 그치지 말고 웹사이트나 PDF로 정리해 누구나 볼 수 있게 하는 것이 좋다.

이때 중요한 점은 기록의 방식이다. '무엇을 했다'가 아니라 '관객 수, 언론 보도 건수, 함께한 협력 파트너' 등 구체적인 수치와 성과를 함께 제시해야 한다. 그래야만 외부에서 보았을 때 프로젝트가 가진 전문성과 임팩트가 명확히 드러난다.

또 하나의 중요한 요소는 채용 공고의 투명성이다. 예술계에서는 여전히 '연봉은 협의 후 결정'이라는 불투명한 문화를 흔히 볼 수 있다. 그러나 작은 회사나 스타트업일수록 연봉, 계약 형태, 구체적인 업무 범위를 명확히 제시하는 것이 필요하다. 이는 좋은 인재를 끌어들이는 전략일 뿐만 아니라 '예술계는 원래 불투명하다'는 오해를 깨뜨리는 작은 혁신이기도 하다. 만약 명확한 연봉 제시가 꺼려진다면 범위로 정리하거나 인센티브 등 성과보상에 대한 내부 인사 체계를 점검한 뒤 공개해보자.

자격증 없는 분야라는 특성상, 자격 대신 역량을 인증하는 방식도 중요하다. 이를 위해 외부 교육 수료증, 국제 컨퍼런스 발표, 논문이나 칼럼 기고, 워크숍 강연 등은 큰 힘이 된다. 자격증이 없어도 '나는 이 분야에서 꾸준히 활동해왔다'는 증거를 남기면 그것이 곧 사회적 신뢰의 기반이 되기 때문이다. 이는 개인뿐만 아니라 회사에게도 꼭 필요한 노력이다.

평판 관리도 빼놓을 수 없다. 오늘날 검색은 곧 신뢰와 직결된다. 링크드인에 전문성이 드러나는 프로필을 만들어 놓고, 개인 홈페이지나 노션 등에 일관성 있게 포트폴리오를 기록해두는 것이 좋다. 검색 시 깔끔하게 정리된 결과가 나오는 것만으로도 신뢰가 크게 높아진다.

예술계에서 전문성은 자격증이나 면허가 아니라 '얼마나 투명하게 기록하고, 얼마나 일관되게 자신을 보여줄 수 있는가'에서 증명된다는 점을 잊지 말자.

사업에 꼭 필요한 인맥은
어떻게 만드는 걸까?

부지런히 다양한 네트워킹 자리에 참석하며 수많은 사람을 만나고 다녔다. 처음에는 작은 행사나 세미나에서부터 점차 전국 단위의 컨퍼런스까지 발걸음을 넓혀갔다. 그때마다 받은 명함을 빠짐없이 애플리케이션에 등록했고, 그렇게 리멤버 앱에 쌓인 명함이 2,000개를 넘어섰을 무렵, 비로소 하나의 인적 네트워크가 구축됐음을 실감할 수 있었다.

현재 나는 전국에 흩어져 있는 문화재단 종사자들 가운데 최소 한 명 이상을 알고 있다. 예술계에서 사업을 펼치며 이것이 얼마나 큰 자산인지를 절실히 깨달을 수 있었다. 그러나 시간이 지나면서 사업에 필요한 인맥은 꼭 해당 업계 안에만 있는 것이 아니라는 사실을 알게 됐다.

업계 밖 네트워크의 필요성

예술스타트업을 위해서는 예술계 사람들만 알면 된다고 착각하기 쉽지만 사업 모델을 무엇과 결합하느냐에 따라 전혀 다른 네트워크가 필요할 수도 있다. 예를 들어 보겠다.

예술과 테크를 결합한 사업이라면 반드시 개발자, 엔지니어, UX/UI 디자이너와 연결돼 있어야 한다. 기술적 구현 없이 아이디어만 시장에 내놓을 수는 없기 때문이다. 콘텐츠 중심으로 사업의 확장을 꾀한다면 미디어 관계자나 플랫폼 종사자와의 연결이 중요하다. 이들과의 네트워크가 존재해야 노출 기회를 얻고, 대중과 만나는 채널을 확보할 수 있기 때문이다.

잠재 투자자와의 연결은 회사 성장을 위해 반드시 필요하지만 종종 간과되곤 한다. 투자자는 돈만 제공하는 존재가 아니다. 때로는 멘토, 파트너, 또 다른 네트워크의 관문이 되기도 한다. 네트워크에 대해서 '내 업계 사람만 많이 알면 되지'라고 생각해서는 안 된다. 네트워크란 사업 모델의 성격에 따라 맞춤 설계해야 하는 전략적 자원임을 깨달아야 한다.

네트워크의 본질은 숫자보다 관계의 깊이

가장 중요한 통찰은 네트워크의 가치가 '몇 명을 알고 있느냐'로 결정되지 않는다는 것이다. 핵심은 '그 사람들과의 관계가 얼마나 긴밀하고 지속 가능한가'다. 명함 한 장 주고받은 사이라면 인스타그램 맞팔이나 링크드인 1촌과 크게 다를 바 없다. '이 사람을 통해 내가 하는 사업 아이템이 더 잘 연결될 수 있겠다'라는 생각이 드는 연결, 즉 적재적소에 맞는 사람을 찾아내는 것이 훨씬 더 중요하다.

밥 버그와 존 데이비드 만의 『기버』는 이 지점을 더 잘 이해하게 해주었다. 이 책은 우리가 흔히 생각하는 '기브 앤 테이크'의 상식을 뒤집는다. 성공한 사업가들을 연구해보니, '주는 것'에만 집중하고 있었다는 것이다. 이 책의 모든 주장에 전적으로 동의하는 것은 아니다. 다만 내 경험을 곱씹어 보면 서로 계산기를 두드리며 '내가 얼마를 주고, 무엇을 받아야 할까'를 따지는 만남보다 진심으로 도와주고 싶은 사람을 만났을 때 정신적으로 훨씬 더 큰 만족감을 느꼈다. 그런 관계가 내 사업에도 더 큰 도움이 됐다. 작은 행사에 필요한 협찬품을 제공받은 적도 있었고, 내 사업에 절대적으로 필요했던 또 다른 인맥을 소개받기도 했다.

중요한 것은 네트워크의 외적 크기가 아니다. 명함첩에 몇천 장의 카드가 있느냐, 소셜미디어에 몇천 명의 팔로워가 있느냐가 네트워크의 핵심은 아니라는 이야기다. 내 사업의 방향성에 공감해주고, 내가 하는 일에 진심으로 관심을 가지며, 때로는 함께 위험을 감수할 수도 있는 깊은 관계가 몇 명이나 있는지 곰곰이 생각해보자.

정리하자면 네트워크는 양보다 질이 중요하다. 업계 안팎을 아우르는 연결망을 설계해야 한다. 계산적 관계보다 주고 싶은 마음에서 출발하는 관계가 지속 가능성이 높다. 사업을 지탱하는 힘은 '얼마나 많이 아느냐'가 아니라 '누가 내 옆에 남아 있느냐'에 달려 있다.

'슈퍼을'의 전략:
자존심은 내려놓고,
전략은 끌어올려라

예술가뿐 아니라 어느 분야이든 오래 활동한 전문가일수록 처음 비즈니스 영역에 들어올 때 가장 혼란스러워하는 지점이 바로 '위치'다. 예전에는 분명 나를 중심으로 조명이 켜졌고, 관객, 함께 일하는 파트너 등 모든 이해관계자의 반응 하나하나가 나의 존재를 증명해줬다. 그런데 사업 현장, 특히 클라이언트나 파트너를 상대하는 자리에서는 그렇지 못하기에 '내가 이 분야에서 몇 년을 했는데', '저 사람보다 경험도 많은데', '왜 내가 을이어야 하지?'라는 자존심이 고개를 든다.

나도 그랬다. 예술가로서 10여 년 이상 훈련을 받아왔고, 기획자로서 주목받은 프로젝트도 있었기에 무의식적으로 '나 정도면'이라고 생각하고 있었다. 그러나 사업은 무대와 다르다. 돈이 오가는 순간 관계는 계약으로 정의되고, 그 계약 안에서 누구나 언제든지 을이 될 수 있다. 때로는 병 혹은 정이 될 수도 있다. 그 사실을 받아들이는 데 꽤 시간이 걸렸지만, 일단 '인정'하자 진짜 중요한 전환이 시작됐다.

인정하는 순간, 전략이 시작된다

'나는 왜 을인가?'라는 감정적 질문을 '을로서 어떻게 강력한 영향력을 가질 수 있을까?'라고 전략적으로 바꿔보았다. 나는 이 질문의 답을 '슈퍼을'이라는 개념으로 정리하고 싶다. 계약 구조상 을이지만, 갑이 나에게 의존하게 만드는 을. 시장에서 없어서는 안 될 존재로 스스로를 포지셔닝하는 을.

'슈퍼을'이 되기 위해 가장 먼저 해야 할 일은 감정의 온도를 낮추는 것이다. 자존심은 잠시 내려두고, 시장이 원하는 방식과 언어로 나를 표현해야 한다. 상대방은 내가 예술가로서 몇 년을 활동했는지보다 '이 프로젝트를 함께 했을 때 본인에게 어떤 이익이 돌아오는가'에 관심이 있다. 그렇기에 '내가 이만큼 했습니다'보다 '이만큼을 통해 당신에게 이런 효과를 드릴 수 있습니다'를 보여주겠다는 시선 전환이 필요하다.

그다음은 '단가 깎는 사람 = 나쁜 클라이언트'라는 이분법에서 벗어나는 것이다. 물론 부당한 요구는 분명히 있다. 하지만 가격 협상 시 무조건 방어적인 태도를 보이는 것은 추천하지 않는다. 대신 '이 조건에서도 내가 원하는 수준의 결과를 낼 다른 방식이 있는가?'를 고민하는 것이 필요하다. 협상의 본질은 '내가 주도권을 가지고 설계'할 수 있느냐다.

협력자로 서는 '을', 시장을 움직이는 힘

마지막으로 나를 '공급자'가 아닌 '협력자'로 인식시킬 필요가 있다. 요청받은 일을 처리하는 역할이 아니라 함께 문제를 해결하고 가치를 더하는 존재로 자리매김해야 한다. 그러기 위해서는 늘 '제안'이 있어야 한다. 요청받은 일에서 한

발짝 더 나아가 '이 방향은 어떠세요?'라고 제안하는 태도. 이것이 을을 슈퍼을로 만든다.

예술가들은 사실 이런 감각에 익숙하다. 작품을 만들 때도 끊임없이 관객의 반응을 예측하고, 공간과 조화를 고려하며, 다양한 협업자와 교감하기 때문이다. 이 능력을 비즈니스에 그대로 적용하면 된다. 그 감각을 전략적으로 재배치하고, 시장의 언어로 번역하는 작업이 필요하긴 하지만 말이다.

을이라고 무조건 약한 것이 아니다. 을은 단지 한쪽 역할일 뿐이다. 그것이 나의 본질은 아니다. 제대로 된 슈퍼을은 갑보다 시장에 더 영향력을 미친다. 갑은 바뀌지만, 슈퍼을은 시장에 남는다. 감정을 걷어내고, 전략을 세우자. '을'임을 인정하는 순간, 비로소 갑을 움직일 수 있는 위치에 선다.

4

성장하기

투자와 자금 조달

ART FOR
SALE

예술은 감성인데,
숫자가 필요할까?

예술은 감성이다. 감정을 일으키고, 감동을 주며, 때로는 말로 설명되지 않는 여운을 남기기도 한다. 그러나 우리가 하는 일은 예술 그 자체가 아니라 예술을 기반으로 삼은 '비즈니스'다.

감동은 강력한 시작점이지만, 그것을 유지하고 확장하려면 근거와 구조가 필요하다. 사업이 지속 가능하려면 감동과 더불어 숫자로 설득하고, 예측하고, 책임지겠다는 마인드가 필요하다는 이야기다.

숫자가 중요한 이유는 크게 두 가지다.

첫째, 외부를 설득하기 위해서.

둘째, 내부를 운영하기 위해서.

외부를 설득하는 언어, 숫자

"우리가 하는 공연이 얼마나 소중한데요."

"이 프로젝트는 정말! 필요한 일이에요."

예술가들은 종종 이런 말을 한다. 사업에서는 이 말을 외부에 납득시키는 것이 중요하다.

사람들은 '필요하다'는 주장에 대해 감성이 아니라 근거를 원한다. 지원사업 담당자, 투자자, 기업 협업 파트너 등은 필요성에 대한 '지표'를 요구할 수도 있다. 이럴 때 필요한 것이 바로 수치화된 성과다. 우리 프로젝트에 몇 명이 참여했는지, 몇 퍼센트가 만족했는지, 반복 참여율은 얼마나 되는지, 언론과 SNS 등에 얼마나 노출됐는지 등등.

'청년예술가 창작 프로젝트'를 진행했다고 치자. '청년예술가들에게 영감을 주는 자리였다'는 표현만으론 성과를 드러내기 어렵지만 '총 20팀의 예술가가 참여했고, 관람객 1,500명이 현장을 찾았으며, 만족도는 92퍼센트였고, SNS에서 총 300건 이상의 게시물로 공유됐다'는 지표를 함께 제시하면 설득력이 달라진다.

외부인을 설득하려면 감동의 진정성을 수치화해야 한다. 예술의 본질은 감동이지만, '감동'에 대해 다른 사람을 설득하려면 지표 등 데이터가 필요하다. '우리가 하는 일이 얼마나 가치 있는가'를 외부 언어로 번역해야 하는 것이다. 숫자는 바로 그 번역의 언어다.

내부를 운영하는 도구, 재무와 현금흐름

예술에는 창의성과 감성이 중요하지만, 이것만으로는 조직을 지탱할 수 없다. 조직에는 운영과 관리가 필요하기 때문이다. 예술비즈니스, 예술경영을 하려면 감성과 숫자를 대립시키지 말아야 한다. 이 둘은 서로를 보완하는 요소다. 그중에서도 가장 중요한 두 가지 숫자 도구가 추정재무제표와 현금흐름표다.

많은 예술스타트업이 '일단 하고 보자'는 태도로 실수를 저지르곤 한다. 모든 사업은 시작 단계부터 최소한의 재무 예측이 필수인데 말이다. 이 같은 맥락에서 추정재무제표는 '이

정도 매출이 날 것이다', '이 정도의 인건비와 고정비가 들 것이다'라는 계산을 구조화하는 작업이다. 예를 들어보겠다.

- **예상 수익**: 프로젝트별 예상 수익x예상 건수.
- **고정비**: 사무실 임대료, 정규직 급여, 고정 소프트웨어 이용료 등.
- **변동비**: 프리랜서 인건비, 홍보비, 공연장 임대료 등.

추정재무제표를 작성해보면 '프로젝트를 많이 해야 한다'는 강박에서 벗어나 '어떤 단가의 프로젝트를 몇 건 해야 하는가'라는 시야가 생긴다. 이는 사업 전략 수립의 굉장히 중요한 기준이 된다.

현금흐름은 말 그대로 '돈이 들어오고 나가는 흐름'을 관리하는 것이다. 아무리 매출이 높아도, 돈이 실제로 들어오기까지 시간이 걸리는 경우가 많다. 특히 정부지원사업, 공공기관 협업은 대금 지급이 느리다. 돈을 벌었는데 통장에 돈이 없는 것이다. 이는 자본이 부족한 스타트업에게 치명적일 수 있다. 이에 현금흐름표를 작성하면 다음과 같은 이점이 있다.

- 몇 월에 돈이 비는지 예측할 수 있다.

- 인건비, 세금 등 고정 지출을 대비할 수 있다.

- 예상 매출에 따라 투자 유치 또는 대출이 필요한 시점을 파악할 수 있다.

3월에 2,000만 원의 매출이 예정돼 있다고 해도 실제 입금은 5월에 이루어진다면? 두 달 간의 인건비와 운영비를 감당할 수 있어야 한다. 이는 예비 또는 초기 창업자들, 특히 예술가 출신 창업자들이 가장 처음 맞닥뜨리게 되는 당혹스러운 상황이기도 하다.

이런 시나리오를 미리 점검하고 대비하는 것이 바로 현금흐름 관리다. 매출이 발생해도 현금 유입까지의 시차를 고려하지 않으면 이런 일이 반복되기 때문에 예술경영에서는 매출표보다도 현금흐름표가 훨씬 더 중요하다.

숫자는 감성의 언어로 세상을 이해하게 돕는 예술을 지속 가능하게 만든다. 숫자를 잘 다룬다고 해서 예술을 포기해야 하는 것은 아니다. 숫자는 예술을 더 많은 사람에게, 더 오래도록 전달하기 위한 전략의 언어다. 감동은 시작을 가능하게 하지만, 숫자는 그 감동을 더 넓게 확장시키며 지속되도록 돕는다. 예술가적 사고 위에 경영가적 사고를 더하면, 우리는 감동을 비즈니스로 만들 수 있다.

투자 받기,
필수인가 선택인가?

창업에 관심이 있는 사람이라면 'A 회사, 200억 원 투자 유치', 'B 스타트업, 3,000억 원 규모 매각Exit' 같은 화려한 헤드라인의 기사를 적어도 한 번 이상 접해봤을 것이다. 창업 생태계가 활성화되면서 이러한 성공 사례가 자주 등장하고, 대중적으로 널리 알려지면서 창업에 도전하는 사람들이 많아지는 것은 분명히 긍정적이다.

문제는 이런 기사 때문에 '투자를 받아야만 성공한 창업'이라는 생각에 빠져버리는 것이다. 어떤 창업가들은 많은 시간을 들이며 노력했으나 끝내 투자를 받지 못한 탓에 '우리 비즈니스가 잘못된 건가?' 하는 불필요한 의심을 품게 되기도 한다.

여기서 명확히 해야 할 것은, '창업'과 '투자 유치'는 엄연히 별개라는 점이다. 투자를 많이 받았다고 해서 반드시 좋은 사업이라고 할 수는 없다. 사업이 잘된다고 해서 반드시 투자를 받아야 하는 것도 아니다. 투자 유치는 창업이라는 긴 여정 속 선택지 중 하나일 뿐이다. 결코 필수 조건이 아니다.

전략적 선택으로서의 투자

투자를 잘 받는다고 사업이 잘되는 것은 아니다. 그러나 사업이 잘되는 구조를 만들어놓으면, 투자 유치는 훨씬 수월해진다. 여기서 말하는 '사업이 잘된다'는 표현에는 몇 가지 의미가 내포돼 있다.

첫째, 오랜 기간 꾸준히 사업을 잘 운영해왔기에 대표와 창업팀에 대한 업계 내 평판과 신뢰가 구축된 경우다. 특히 투자자는 경영진에 대한 신뢰를 매우 중요하게 생각하는데, 시장에서 장기간 검증된 대표와 팀이라면 당연히 위험이 줄

어든다고 판단할 수밖에 없다.

둘째, 매출과 이익이 지속적으로 발생하며 뚜렷한 성과가 보이는 경우다. 이런 회사들은 투자 제안을 거절하기도 한다. 이유는 간단하다. 이미 충분히 수익을 내며 안정적으로 비즈니스를 운영하고 있기 때문이다. 다만 새로운 사업을 시작하거나 더 큰 도약을 위해 자금이 필요해진다면 지금까지의 성과 덕분에 비교적 쉽게 투자받을 가능성이 높다.

필더필의 경우에는 창업 후 5년 차, 신사업 런칭 시점에 처음으로 외부 투자를 유치했다. 큰 금액의 투자 유치를 목표로 한 것은 아니었다. 사업의 다음 단계 성장을 위한 기준점을 마련하고자 전략적으로 소규모 투자를 유치한 것이었다. 새롭게 시도하는 신사업의 비즈니스 모델은 성공적으로 자리 잡았을 때, 자본을 과감하게 투입해 시장 점유율을 확대해야 하는 성격을 갖고 있다고 판단했기 때문이다. 즉, 미래를 대비해 현 시점에서 회사의 가치를 객관적으로 인정받아 기준점을 명확히 설정하는 전략적 목적으로 투자를 받은 셈이다. 이렇듯 투자는 형태와 타이밍이 다양하고, 모든 경우에 필수적인 선택이라고 단정할 수는 없다.

후회 없는 투자의
필수 조건

"투자를 꼭 받아야 하나요?"

창업을 준비하거나 사업을 막 시작한 사람들이 가장 많이 하는 질문 중 하나다. 언론에서 자주 접하는 '○○스타트업, 100억 원 투자 유치' 같은 화려한 제목의 기사 때문일 것이다.

다시 한번 말하지만, 투자 유치가 모든 기업에 요구되는 것은 아니다. 오히려 무작정 투자를 받으려고 무리하다 지분 구조가 복잡해지거나 본업에 집중하지 못해 사업이 흔들리게 될 수도 있다. 투자 유치는 '성공의 증명서'가 아니라 성장 전략 중 하나로 이해해야 한다. 사업 시기별로 어떤 투자를 공략해야 할지 알아보자.

■ **시기별 투자 유형**

구분	주요 투자자	특징	적합한 단계
엔젤투자	개인 투자자 (선배 창업가, 고액 자산가 등)	소규모(수천만~3억 원 이내), 초기 창업자의 팀과 아이디어를 보고 투자	법인 전환 직후, 초기 검증 단계
액셀러레이터(AC)	스타트업 육성 전문 기관	투자(수천만~수억 원)+ 보육·멘토링·네트워크 제공	사업모델 초기 검증, 첫 고객 확보 단계
벤처캐피털 (VC)	기관투자자, 펀드	수억~수십억 원 단위, 성장성과 확장성 중점	매출 발생 이후, 본격적 확장 단계
전략적 투자자(SI)	대기업· 중견기업	단순 자금 외에 사업적 시너지·시장 진입 통로 제공	업력·성과가 어느 정도 확보된 단계

투자 전 반드시 고민해야 할 질문

투자받기 전에 스스로에게 물어야 할 질문은 다음과 같다.

- 왜 지금 투자가 필요한가? 운영자금 부족 vs. 성장을 위한 확장.

- 투자금을 어디에 쓸 것인가? 채용, 기술 개발, 마케팅, 해외 진출 등 구체적 계획.

- 지분을 얼마나 내줄 수 있는가? 지분 희석을 감당할 수 있는가?
- 투자자와의 파트너십이 우리 회사에 어떤 영향을 줄 것인가? 긍정적·부정적 시나리오 모두 고려.

투자 유치는 그냥 '돈을 얻는 행위'가 아니다. 투자는 곧 파트너십이기에 투자자는 '공동창업자에 가까운 영향력'을 행사할 수 있다. 투자자는 단순히 자금을 넣고 회수하는 존재가 아니다. 좋은 투자자는 때로 우리의 다음 투자를 이끌어주는 교두보가 되고, 산업 네트워크를 연결해주며, 어려운 시기에 조언을 아끼지 않는 멘토가 돼준다.

어떤 투자자를 만나느냐에 따라 회사의 성장 경로가 달라진다. 고로 투자 유치는 '돈을 얼마나 받는가'보다 '어떤 사람과 함께 갈 것인가'를 결정하는 과정이기도 하다.

투자를 받은 이후에 필요한 것들

투자를 받으면 자금이 늘어나는 것 이상으로 책임이 커진다.

1. 정기적 보고 의무

- 분기/반기 단위로 재무제표, 영업성과, 향후 계획을 보고해야 한다.
- 이는 단순 행정이 아니라 투자자 신뢰를 지키는 핵심 활동이다.

2. 윤리적·법적 책임 강화

- 투자자의 돈은 곧 '공적 자금' 성격을 띤다.

※ 벤처펀드는 정부 출자금 비중이 큼

- 자금 사용의 투명성이 확보되지 않으면 법적 책임까지 이어질 수 있다.

3. 경영 방식의 변화

- 창업자가 단독으로 결정하던 구조에서, 이사회·주주총회를 통한 의사결정 절차가 강화된다.
- '내 회사'에서 '공유된 회사'로 전환되는 시점이다.

그렇다면 언제 투자를 받는 게 맞을까?

단계	예시
투자금을 반드시 활용해야 성장 속도가 빨라질 때	플랫폼 네트워크 효과, 시장 점유율 확대, 대규모 마케팅 필요 시
사업 지표가 투자자에게 설득력 있게 보일 때	매출 성장률, 사용자 증가, 재구매율 등
투자자를 통해 자금 외에도 시너지 효과를 얻을 수 있을 때	글로벌 진출, 대기업과 협업 등

운영자금을 메우는 수준이라면 굳이 투자받을 필요가 없다. 아직 비즈니스 모델이 검증되지 않았다면 오히려 부정적 평가를 받을 수 있다.

스타트업이 투자를 받을 수 있는 완벽한 타이밍

처음 본격적으로 로드맵을 그려본 것은 씨드머니 투자를 받고, 그다음 투자 라운드를 준비하던 시점이었다.

스타트업이 투자를 받는 이유는 다양하다. 운영자금의 보충, 브랜드 신뢰도 제고, 인재 확보, 적극적인 마케팅 실행 등. 하지만 본질을 압축하면 결론은 하나다. 시장에서 아이디어를 더 빠르게 키우고 선점하기 위해서는 자본이 필요하다.

널위한문화예술에게도 그런 순간이 찾아왔다. 콘텐츠 비즈니스의 성장 가능성은 충분히 보았고, 공동대표 대우 님과 이를 어떻게 구체화할지 자주 논의해왔다. 특히 대우 님은 콘텐츠 스타트업 업계에서 꾸준히 네트워크를 쌓아왔기 때문에 예비투자자들을 사전에 만나며 가능성을 탐색할 수 있었다. 그러나 막상 투자를 '결정'까지 끌고 가는 과정은 생각보다 훨씬 지난했다.

보이지 않는 시장을 증명하다

가장 큰 걸림돌은 바로 예술 시장의 크기였다. 시장 규모가 작아서가 아니었다. 측정 방법 자체가 없다는 점이 문제였다. 이를테면 반려동물 시장, 의료 시장은 여러 지표와 플레이어들이 시장의 매력도를 객관적으로 증명해왔다. 반면 예술 시장은 미술품 거래액으로만 파악되곤 해 전체 시장의 잠재력을 증명하기 어려웠다. 이 때문에 우리는 스스로 시장의 가능성을 증명해야 했다. 전시 방문객 수, 유료 티켓 발행 규모, MZ세대의 경험 소비 증가율 그리고 널위한문화예술 채널 구독자 성장 곡선까지. 가능한 한 데이터를 최대로 모아 시장 보고서처럼 정리했다.

투자자들에게 보여준 IR Investor Relations 보고서의 핵심은 마지막 장에 등장하는 로드맵이었다. 투자자들이 궁금한 것은 현재 실적이 아니라 '내 돈이 어디에 쓰이고, 그래서 이 회사가 어디까지 성장할 수 있는가'일 테니 말이다.

이 과정을 통해 깨달은 중요한 사실은 투자자가 돈을 대고 마는 존재가 아니라 파트너라는 점이다. 투자자는 우리의 비전을 진심으로 믿고 공감하며, 의사결정을 신뢰하며 지켜보고, 실제로는 자금 외에도 멘토링·네트워크·후속 투자 연결까지 제공하는 성장의 동반자다.

주변 스타트업 중에는 이를 간과한 경우도 많았다. 급전이 필요하다는 이유로 '돈만 보고' 투자 받은 팀이 관계 때문에 후회하는 모습도 적지 않게 보았다. 이에 어떤 선배 창업자가 "그럴 거라면 차라리 대출을 받아라"라고 조언해주는 모습도 본 적이 있다.

자본이 아니라 파트너를 찾는 과정

PRE-A 투자를 준비할 때 가장 집중한 것은 진정한 투자자를 찾는 일이었다. 다행히 지금까지도 파트너라 부를 수 있는 투자자들을 만날 수 있었다.

흥미로운 사실은 투자를 리드한 실무자들이 모두 널위한문화예술의 구독자였다는 점이다. 우리의 콘텐츠와 가치를 오랫동안 지켜본 사람들이었기 때문에 신뢰가 쌓여 있었던 것이다. 이 경험은 중요한 교훈을 줬다.

'투자는 관계다. 콘텐츠와 브랜딩은 보이지 않는 투자자 IR의 전 단계다.'

우리가 하는 모든 사업 활동이 사실상 잠재 투자자에게 회사를 보여주는 창구가 될 수 있다. 이 책을 집필하는 현 시점에도 널위한문화예술은 다음 투자를 준비하고 있다. 이번에는 국내를 넘어 아시아 전역으로 브랜드를 확장하기 위해 파트너가 필요한 단계다. 이는 앞선 투자와 본질적으로 크게 다르지 않다.

스타트업마다 투자 타이밍은 다를 수 있지만, 기억해야 할 기준은 두 가지다.

첫째, 단기적 소액(1~2억)이 급하다면, 대출이라는 방법을 아예 배제하지는 말자.

둘째, 빠른 성장과 팀의 비전 확장을 위해 자본과 네트워크가 함께 필요하다면 바로 투자를 받을 시점이라는 명확한 신호다.

투자는 돈을 빌리는 행위가 아니라 함께 성장할 파트너를 만나는 과정이다. 예술스타트업은 시장의 특수성 때문에 데이터 증명 작업이 필수적이다. 마지막으로 투자 타이밍은 '얼마가 필요한가'보다 '우리가 성장하려면 어떤 자원이 필요한가'로 판단해야 한다.

좋은 IR 보고서 조건 체크리스트

1. 스토리 구조

- **문제 정의:** 시장에 어떤 '페인포인트Problem'가 존재하는가?

- **해결책 제시:** 우리 서비스/제품이 어떻게 그 문제를 풀어내는가?

- **시장 기회:** 이 시장이 왜 지금 매력적인가? (성장 트렌드, 규모, 데이터 근거)

- **실적 트랙션:** 현재까지 달성한 수치, 사용자 반응, 성장 그래프.

- **로드맵:** 투자금이 들어왔을 때 어디까지 확장할 수 있는가? (1년/3년/5년 플랜)

2. 데이터와 근거

- 시장 규모를 '추정치'가 아니라 여러 데이터 소스를 조합해 설득력 있게 제시.

- 우리 내부 지표(구독자 성장, 재방문율, 객단가 등)를 시각화.
- 경쟁사 비교: 단순한 스펙 비교가 아니라 우리가 차별화되는 지점을 명확히 함.

3. 비즈니스 모델BM

- 수익 구조를 간단명료하게.
  (예) 광고 → 커머스 → 구독 모델 등.
- 단일 BM에 그치지 않고, 다각화·확장 가능성을 제시.
- 단가·마진 구조가 드러나야 투자자 입장에서 안정성이 보임.

4. 팀Team

- 창업자와 핵심 멤버가 왜 이 문제를 해결할 최적의 팀인지 설명.
- 단순한 경력 나열보다 '이 문제와 연결된 경험'을 강조.
- 핵심 인재를 부각시키면 신뢰도 확보에 큰 도움이 됨.
- 외부 어드바이저/파트너가 있다면 신뢰도를 높이도록 포함.

5. 투자자 관점

- '내가 투자하면 어떤 리턴Return이 오는가?'를 명확히 답해야 함.
- 투자금 사용 계획을 비율로 제시.

  (예) 인재 채용 40퍼센트, 마케팅 30퍼센트, 제품 고도화 20퍼센트, 기타 10퍼센트.
- 엑시트 가능성: IPO, 인수M&A, 글로벌 확장 시나리오를 언급.

6. 디자인&전달력

- 텍스트보다 그래프·비주얼로 보여주기.
- 슬라이드 한 장에 메시지 한 개.
- IR 덱은 단순 정보가 아니라 이야기를 전달하는 무대임을 기억.

5

알리기

마케팅과 네트워크

ART FOR
SALE

대표의 개인 SNS 운영,
독일까 득일까?

나는 널위한문화예술의 운영과 별개로 개인 SNS도 무척 공들여 운영해왔다. 소소한 취미 이상으로, 꾸준히 시간을 투자하며 콘텐츠를 기획해왔다는 이야기다.

대표가 SNS를 운영하는 이유는 무엇일까? 많은 사람이 이를 두 가지로 생각한다. 우선 회사 홍보PR용 채널로의 활용이다. 또 다른 하나는 장기적으로 회사의 매출과 성장에 긍정적인 영향을 미칠 수 있는, 대표 개인에 대한 브랜딩이다. 나 역시 이 같은 두 가지 이점을 적극적으로 활용해왔으나 내가 SNS를 운영하는 '진짜 이유'는 조금 다르다.

직장 생활을 하는 사람들은 '3년쯤 되면 번아웃이 찾아온다'는 '3년 주기설'에 대해 종종 이야기한다. 많은 직장인

이 이 시점에 퇴사해 휴식하거나 이직으로 새로운 동력을 찾는다. 그런데 번아웃은 정말 과중한 업무 때문에 생기는 것일까?

번아웃은 겉으로만 바쁘게 움직일 뿐 내적으로 일하는 이유를 찾지 못할 때 가장 많이 일어난다. '이 일을 하는 이유'를 잊은 채 기계적으로 일을 반복할 때 찾아온다는 이야기다. 이는 대표자라고 해도 예외가 아니다. 조직이 커지고, 투자 유치가 이어지면 초기의 미션이 흔들릴 수 있다. 사업 모델과 목표가 자꾸 바뀌다 보면 대표가 오너십을 잃으며 번아웃에 시달리기도 한다. 내가 개인 SNS를 운영하는 가장 큰 이유는 '바로 이 지점을 견디기 위해서'다.

작은 해시태그가 불러온 큰 동력

내게 SNS는 단순한 홍보 창구가 아니다. 왜 이 일을 시작했는지, 어떤 세상을 꿈꾸는지 계속 상기시키는 일기장 같은 도구다. 팀의 로드맵을 위해 달려야 하는 수많은 단기 과제와 성과 목표에서 잠시 떨어져 '돈이 되지 않더라도 내가 원래 이루고 싶었던 일', '내가 처음 그리던 세상의 모습'을 다시 떠올리게 만드는 장치이기도 하다. 한마디로, SNS는 내게 사업의 '미션'을 잊지 않게 하는 버팀목이었다.

2021년, 코로나19 팬데믹이 문화예술계도 강타했을 때의 일을 예로 들어보겠다. 세계 곳곳의 비엔날레와 대형 전시들이 줄줄이 취소되거나 온라인 전환으로 대체됐으나 미술계는 온라인 전시에 제대로 대비하지 못해 현장 촬영본을 유튜브에 올리는 수준에 머무르고 있었다.

이 시기, 나는 트위터에서 흥미로운 이야기를 접했다. 한 청년이 미술관에 몰래 안경을 올려놓았는데, 많은 관람객이 그것을 작품이라 믿고 진지하게 감상했다는 이야기였다. 이 이야기에서 내가 주목한 것은 그것이 진짜 예술인지 아닌지가 아니었다. 사람들의 마음이 열리며 그 순간이 예술적 경험으로 변모했다는 사실이었다.

그때부터 일상 속에서 우연히 마주하는 '예술적인 순간'들을 SNS에 기록하기 시작했다. '#각자의비엔날레'라는 해시태그를 붙이자 팔로워들이 반응을 보이기 시작했다. 단 일주일 만에 100명 넘는 사람들이 각자의 일상 속 '비엔날레' 사진을 올리며 내 계정을 태그한 것이다. 금전적 목적도, 사업적 이해관계도 없었던 이 캠페인은 당시 지쳐가던 내가 사업을 이어가는 강력한 동력이 돼주었다. '내가 이 일을 하는 이유'를 다시 일깨워준 계기였던 것이다.

SNS를 건강하게 쓰는 다섯 가지 원칙

스타트업 대표들과 이야기를 나눠보면, 다들 저마다의 이유로 SNS를 운영한다. 어떤 이는 인재 스카우트를 위해, 또 누군가는 최신 트렌드를 캐치하기 위해, 다른 이는 업계 동향을 살피기 위해. 이처럼 다양한 장점이 있지만, 한편으로 SNS 운영은 위험하다. 무심코 올린 게시물이 치명적인 오해를 불러일으키기도 하기 때문이다. 모든 도구가 그렇듯, 사용자의 태도에 따라 결과는 달라진다.

나는 SNS를 사업 성과의 도구로만 여기지 않는다. 사업 시작 시의 마음을 되새기고, 스스로 중요하게 생각하는 가치와 미션을 작게나마 실천하는 공간으로 여긴다. 그러자 SNS는 대표자인 나와 사업 모두에 좋은 영향을 미쳤다. 아래는 주변 스타트업 대표들을 떠올리며 SNS를 건강하게 운영하는 다섯 가지 원칙을 정리해본 것이다.

1. 목적을 분명히 하자

SNS를 홍보 수단으로만 쓰지 말자. '나의 미션을 상기하는 공간' 같은 지속 가능한 목적을 세워야 한다. 장기적으로는 팔로워 수보다 가치와 철학을 공유하는 사람들과의 연결이 더 큰 힘을 발휘한다.

2. 기록은 곧 자산이다

일상의 작은 실천과 생각을 꾸준히 기록하면, 그것이 곧 회사의 히스토리 겸 개인 브랜드의 자산이 된다. 완벽한 글보다 지속성 있는 기록이 더 중요하다.

3. 업로드 전 10초 고민하자

무심코 올린 글이나 사진이 오해를 살 수 있다. 업로드 전

'회사 대표로서 이 글이 공개돼도 괜찮은가?' 10초간 자문하는 습관을 들이자.

4. 팔로워와의 관계는 거래가 아니다

실제로 대화 나누는 사람들에게 집중하고, '좋아요'와 '댓글 수'에 집착하지 말자. SNS를 통한 관계는 네트워크의 확장이 아니라 공감 공동체의 구축이다.

5. SNS를 나만의 '작은 비엔날레'로

사업성과 무관하게, 내가 중요하다고 여기는 순간과 장면들을 공유해야 진정성이 생긴다. 소소한 캠페인이나 해시태그 프로젝트는 팀과 팔로워 모두에게 '우리가 왜 이 일을 하는가'를 되새기는 힘이 된다.

한 달 만에 7만 명의 유튜브 구독자를 모을 수 있었던 이유

내가 합류한 2018년 하반기 무렵, 널위한문화예술에 막 씨드투자를 마치고 페이스북을 기반으로 한 실험적인 콘텐츠를 제작하고 있었다.

순수예술 분야는 당시에도 저널리즘과 비평 전통이 매우 발달해 있음에도 서비스로 소비할 수 있는 콘텐츠가 거의 없는 시장이었다. 이 공백을 일찌감치 포착한 사람이 바로 창업자이자 공동대표였던 대우 님이다. 방송계 뉴미디어 사업팀 출신인 대우 님은 전통 미디어가 앞으로 나아가야 할 방향을 누구보다 먼저 읽고, 그 감각을 예술 분야에 적용했다.

부푼 기대를 안고 합류했지만 현실은 녹록지 않았다. 페이스북에서 유튜브로 유저들의 대이동이 시작되던 시기였기 때문이다. 널위한문화예술도 재빠르게 유튜브를 개설했으나 초기 구독자 수는 100명 남짓이었다. 이 수치도 지인들에게 부탁해 억지로 늘린 것이었다. 미술책 소개와 명화 속 흥미로운 비화가 담긴 콘텐츠를 꽤나 공들여 만들었지만 조회수는 기대에 못 미쳤다. 이때의 가장 큰 과제는 '어떻게 하면 유튜브 구독자가 늘어날까?'였다.

알고리즘을 타야 산다

팀이 찾은 결론은 명확했다. 구독하지 않은 사람들의 피드에 등장해야 한다. 다시 말해 알고리즘을 타야 했다. 그렇다면 알고리즘은 어떤 콘텐츠를 추천하는 걸까? 우리 팀은 가설을 세우고 실험을 시작했다.

여러 차례 분석 끝에 찾아낸 결론은 의외로 간단했다. 관건은 '사람들이 얼마나 오래 몰입해서 시청하는가'였다. '시청 지속 시간', '평균 조회율' 같은 지표로 이를 측정할 수 있었다. 유튜브 관리자 페이지에 상세한 데이터가 있었으므로, 우리는 대시보드의 그래프가 급격히 꺾이는 구간을 분석하기 시작했다. 이 과정에서 때로는 예상치 못한 결과와 마주했다. 내가 직접 등장한 장면에서 시청 곡선이 급락하는 것을 발견했을 때는 적잖이 충격을 받았다.

데이터는 감각으로만 판단했다면 절대 알 수 없었을 사실들을 낱낱이 드러내주었다. 그 순간부터는 콘텐츠 제작이 마치 웹사이트의 버그를 잡는 디버깅 작업처럼 변했다. 시청자가 이탈하는 구간을 하나씩 개선해나간 것이다.

이러한 데이터 기반 개선 끝에 탄생한 대표적인 콘텐츠는 바로 '호크니의 작품에는 왜 물이 많을까?'였다. 하나의 명확한 질문을 중심에 세우고, 호크니의 작업세계를 스토리텔링 구조로 풀어내면서 불필요하게 집중을 끊는 장면과 문장을 과감히 삭제했다.

결과는 놀라웠다. 평균 조회율이 50퍼센트에 육박하는 이 콘텐츠 하나만으로 불과 3주 만에 구독자 수가 1만 명을 돌파했다. 기념 콘텐츠를 준비하던 와중 연달아 발행된 영상들이 줄줄이 알고리즘을 타면서 3개월 만에 구독자가 8만

명까지 늘어났다.

현재도 널위한문화예술의 콘텐츠 KPI Key Performance Indicator (핵심성과지표)는 크게 다르지 않다. 조회수는 결과일 뿐이다. 콘텐츠 제작자가 가장 예민하게 관찰해야 하는 지표는 '얼마나 오래 독자들이 몰입했는가'라는 점이다. 이 지표를 팀 전체가 공유한다.

어그로와 몰입의 균형

콘텐츠가 주목받기 위해서는 어느 정도 '어그로', 즉 호기심을 자극하는 장치가 필요하다. 그러나 이것은 어디까지나 관문일 뿐이다. 지나친 어그로는 곧장 구독자들의 이탈로 이어진다. 중요한 것은 구독자가 SNS 피드에서 콘텐츠를 우연히 발견하는 순간부터 '클릭 → 시청 → 마지막 행동(티켓 구매, 작품 구매, 홈페이지 방문 등)에 이르는 여정이 매끄럽게 이어지는가'이다.

수많은 자극과 선택지가 존재하는 현대 사회에서, 누군

가가 우리 영상을 처음부터 끝까지 시청한다는 것은 사실상 작은 기적에 가깝다. '재미있는 콘텐츠'를 넘어서서 '처음 만난 사람도 끝까지 함께 갈 수 있도록 하나의 여정이 디자인된 콘텐츠'라는 관점으로 접근해야 한다. 이것이 널위한문화예술이 초기에 배운 가장 값진 교훈이자 지금까지 이어오는 핵심 전략이다. 예술스타트업이 알고리즘을 타는 세 가지 실전 팁은 다음과 같다.

1. 질문형 제목과 명확한 문제 제시

사람들을 클릭하게 만드는 가장 강력한 장치는 '질문'이다. 예를 들어 '호크니 작품에는 왜 물이 많을까?'라는 제목은 '호크니 작품에 대한 소개'라는 제목보다 훨씬 더 호기심을 자극한다. 핵심은 짧고 구체적으로 '이 영상을 클릭해야만 알 수 있는 궁금증'을 제시하는 것이다.

2. 데이터 기반 개선 루프

업로드 후 무조건 데이터 대시보드를 확인해야 한다. 시청 지속 시간, 평균 조회율, 이탈 구간을 세밀히 분석하고, 그래프가 꺾이는 지점이 있다면 과감히 수정해야 한다. 콘텐츠 제작은 감각의 영역 같지만, 사실상 '데이터와 감각의 교차점'에서 완성된다.

3. 시청자의 여정 설계

알고리즘은 '조회수'가 아니라 '끝까지 본 시청자 수'를 좋아한다. 그러므로 영상을 '클릭 → 집중 → 유지 → 행동(구매, 방문, 구독)'까지 이어지는 하나의 여정journey으로 디자인해야 한다. 오프닝에서 바로 '오늘 다룰 질문'을 던지고, 중간마다 작은 후크를 넣어 시청자의 시선을 끌어야 한다. 지나친 어그로는 구독자 이탈로 이어지므로 '자극적이지만 신뢰를 잃지 않는 선'을 지키자.

광고주와 고객을 다시 찾아오게 하는 리텐션 전략

사업의 지속성은 리텐션, 즉 다시 찾아오게 하는 것에 있다. 비즈니스마다 각각 수익 구조가 다르겠지만 핵심은 재구매에 있다는 이야기이다. 정부가 대상이든, 기업이 대상이든, 개인이 대상이든 모두 동일하다.

스타트업의 성패는 단발성 매출이 아니라 반복되는 관계가 좌우한다. 광고주가 다시 의뢰를 맡기고, 고객이 다시 티켓이나 굿즈를 사줘야지만 회사가 안정적으로 성장한다는 이야기다.

널위한문화예술 또한 콘텐츠 기반 비즈니스를 시작하면서 어떻게 장기적 파트너십을 이어갈 수 있을지를 치열하게 고민해왔다.

광고주 리텐션: 성과와 신뢰를 동시에

널위한문화예술의 첫 광고주는 소셜 네트워크를 통해 알게 된 온라인 지인이었다. 콘텐츠 퀄리티가 아직 완전히 안정되지 않았던 초기 단계였지만, 그는 응원의 마음으로 내부 예산을 배정해 광고를 맡겨주었다. 그렇게 인연을 맺은 첫 클라이언트는 지금도 널위한문화예술에게 의미 있는 광고주 풀에 속해 있다. 혹시라도 예산 등의 이유로 재협업이 이루어지지 않더라도, 결과물에 만족한 광고주는 결국 또 다른 협업의 연결고리를 만들어준다.

가장 중요한 것은 '좋은 퀄리티의 콘텐츠를 꾸준히 보장하는 것'이다. 품질이 들쭉날쭉하면, 그것은 상품이라 부를 수 없다. 어느 마트에서 사든 맛이 똑같은 과자처럼, 영상 콘텐츠도 일정 수준의 완성도를 유지해야 한다. 이를 위해 널위한문화예술은 콘텐츠 제작 전 과정을 하나의 '팩토리'로 보고, 기획·대본·편집 등 각 단계를 표준화하는 콘텐츠 파이프라인을 구축했다.

내부 PM과 편집팀이 협업해 브랜딩 원칙을 명문화했고,

그 결과 시리즈별로 5페이지가 넘는 상세 가이드라인이 완성되었다. 이후 외주로 진행된 대본과 영상도 그 기준에 맞춰 제작하자 원하는 수준의 퀄리티와 성과 지표가 안정적으로 도출되었다. 이렇게 '콘텐츠를 하나의 상품처럼 만드는 방식'은 널위한문화예술의 내부 노하우로 자리 잡았으며, 이를 통해 확보한 콘텐츠의 품질은 클라이언트가 다시 우리에게 홍보를 맡기고 싶은 이유가 되었다.

더불어 매체력 확보를 위해 굵직하고 중요한 미술행사, 브랜드, 팀과 손잡고 재미있는 캠페인을 만들어갔다. 베니스 비엔날레 한국관 60주년 행사, 구겐하임 미술관, 프리즈 아트페어 등에 직접 취재를 가며 매체의 신뢰도와 참신함을 쌓아간 결과 광주비엔날레, 한국국제프레비엔날레, 키아프 아트페어, 아트 타이페이, 싱가포르의 Art AG, 홍콩의 아트 센트럴 같은 공신력 있는 국내외행사의 '공식 미디어 파트너사'로 함께할 수 있게 됐다. 지금도 매년 리뉴얼된 매체 소개서를 메일로 보내기도 하고, 재미있는 무료 광고 캠페인을 통해 새로운 광고주를 유치하는 등 현재도 다양한 방식으로 광고주의 리텐션을 이끌어내는 방식을 도모하고 있다.

고객 리텐션: 팬덤을 만드는 경험 설계

널위한문화예술은 예술이 필요한 순간 가장 먼저 찾게 되는 진입 플랫폼, 즉 '첫 관문' 역할을 하는 아트 콘텐츠 플랫폼을 지향한다. 이에 현재 전시 티켓을 판매하는 '99티켓', 작품을 판매하는 '사적인컬렉션'이라는 브랜드를 운영 중에 있다. 각각 '이번 주말 무슨 전시 보러 가지?', '내 취향에 맞는 작가와 작품은 어디서 알아보지?' 같은 질문이 떠오를 때 가장 먼저 찾게 되길 바라며 약 2~3년 전에 만든 브랜드이다.

앞에서 설명한 브랜디드(광고) 콘텐츠 협업과 다르게 이 두 플랫폼의 고객은 구매자이다. 이들의 리텐션은 광고주와는 다르다. 티켓 구매자들에게는 '우리 사이트에서 구매해야 하는 이유'를 계속 노출해야 한다. 이를 위해 플랫폼 유저가 장바구니에 담아두기만 한 관심 전시를 다시 한번 리마인드하는 등 CRM을 적극적으로 활용했다. 이커머스가 리텐션을 가장 크게 높이는 방법은 무작위적인 광고가 아니라 데이터에 기반한 카카오톡 발송 등이기 때문이다.

최근에는 멤버십도 출시했다. 우리 플랫폼에서 계속 구

매해야 할 이유를 만들어주고, VIP로 관리하며 충성 고객을 만들어가는 것이다. 리워드 프로그램 등 특별한 행사에 먼저 초대 하는 등 등급별 고객 관리도 매우 중요하다.

콘텐츠와 커뮤니티: 재방문을 부르는 핵심 장치

고객이 기업이든 개인이든 결국 콘텐츠의 힘이 리텐션의 핵심이다. 널위한문화예술이 유튜브와 인스타그램에서 꾸준히 구독자를 확보할 수 있었던 것도 유용한 정보 전달을 넘어서서 '다시 보고 싶게 만드는 내러티브'를 설계했기 때문일 것이다. 광고 콘텐츠도 올렸지만, 구독자들이 보고 싶어 할 만한 오리지널 기획물도 끊임없이 개발해왔다.

최근 유튜브 중심으로 팟캐스트형 콘텐츠가 다시 유행하고 있다. 이에 발맞춰 널위한문화예술도 '예술에 지나치게 빠진 자들의 리얼 토크쇼'라는 팟캐스트형 '예술탐닉' 콘텐츠를 론칭했다. '좋은 전시, 나쁜 전시는 따로 있을까?'처럼 재미있는 질문을 중심으로 업계 전문가 4인을 모시고 나누는 토크쇼 형식의 콘텐츠를 매달 1건씩 발행한 것이다.

해당 시리즈를 좋아하는 구독자가 생겨나자 자연스럽게 문화예술 기관과 기업들에서 해당 콘텐츠 형식의 협업 제안이 왔다. 이 덕분에 최근에는 서울시와 문화재단 등에서 브랜디드 콘텐츠를 의뢰받고, 성공적으로 콘텐츠를 제작할 수 있었다.

회사·매체 소개서 작성 팁

'회사와 매체를 어떻게 소개해야 하지?'

이는 많은 사업가가 자주 하는 고민 중 하나다. 순진한 초기 창업자들은 '서비스가 좋으니 저절로 관심을 받겠지' 생각하기도 하지만, 현실은 그렇게 녹록지 않다.

회사 소개서는 '정체성'을 압축한 명함이다

제대로 된 소개서 하나만 잘 준비해도 협상력과 신뢰도가 달라진다. 파트너, 투자자, 클라이언트, 심지어 잠재 고객에게까지 첫인상을 남기는 회사 소개서에 대해 알아보자.

소개서는 '회사의 비전과 차별성을 압축한 명함'이다. 가장 중요한 것은 회사의 '비전, 핵심 서비스, 차별성'을 한눈에 보여주는 것이다. 허무맹랑한 수식어보다 '3년간 12개 전시, 누적 관객 5만 명' 등의 구체적 숫자가 신뢰를 높인다. 감성적 메시지에 치우치지 말고, 투자자·기업·예술가·일반 관객 등 다양한 독자층을 고려해야 한다. 소개서에 반드시 포함돼야 할 기본 구성은 다음과 같다.

- **회사 개요**: 설립 목적, 미션, 비전.

- 주요 사업 영역 및 서비스

- **팀 소개**: 대표 이력, 핵심 멤버 전문성.

- **실적/포트폴리오**: 전시, 프로젝트, 협업 사례.

- 연락처·웹사이트 링크

널위한문화예술의 매체 소개서 역시 이런 형식으로 이루어져 있다.

웹사이트는 24시간 열려 있는 전시장이다

소개서만큼 웹사이트도 중요하다. 특히 감각적이고 트렌디한 업계 예술비즈니스의 세계에서 웹사이트는 단순한 정보 창구가 아니라 브랜드의 전시장이다.

웹사이트의 디자인은 깔끔하되 회사의 정체성을 보여줄 수 있어야 한다. 가장 중요한 것은 프로젝트 포트폴리오를 이미지·영상 기반으로 보여주는 것이다. 업력이 쌓이면 기사·언론 보도 아카이브 탭을 만드는 것도 추천한다. 공신력 확보에 효과적이기 때문이다.

더불어 요즘 웹사이트는 모바일 최적화가 필수다. 사용자 70퍼센트 이상이 모바일로 접속하기 때문이다. 웹사이트에 '소개서 다운로드(PDF)' 버튼을 추가하면 검색으로 들어온 잠재 고객, 이해 관계자가 바로 활용할 수 있어 효과적이다.

웹사이트가 사람뿐 아니라 AI에게도 읽히는 시대다. 챗지피티ChatGPT 같은 AI는 답변할 때, 가장 먼저 웹사이트를 크롤링[18]해 정보를 가져온다. 텍스트가 이미지에 묻혀 있으면 AI가 인식하지 못한다. 그러니 앞으로는 웹 접근성을 고려해 웹사이트의 모든 주요 정보를 텍스트 기반으로 업로드해야 한다. AI가 인식할 수 있도록 설계된 '크롤링 친화적 구조'를 갖춰야 한다는 것이다.

회사를 외부에 소개하기 위한 현실적인 조언

첫 버전은 과하지 않아도 된다. 깔끔한 PPT 템플릿으로 정리해도 충분하다. 캔바, 노션, 윅스, 스퀘어스페이스 등 무

---

18 웹페이지를 자동화된 소프트웨어(크롤러)로 탐색하고, 그 안에서 데이터를 수집·분류·저장하는 과정을 가리킨다.

료·저비용 툴을 적극 활용해 빠르게 제작하자. 중요한 것은 완벽함이 아니라 꾸준한 업데이트다.

레퍼런스도 여럿 벤치마킹하자. 해외 아트 스타트업, 갤러리/공연장 웹사이트, 문화기관의 미디어 키트MediaKit를 찾아 구조를 참고하라. 소개서의 핵심은 '왜 이 회사와 일해야 하는가' 설득하는 메시지를 담는 것이다. 최소 10개 이상 레퍼런스를 분석해 내 소개서에 강점만 반영해보자.

온라인에서 웹사이트와 회사 소개서가 눈에 띄게 하기 위해서는 '검색 최적화'를 잊으면 안 된다. '예술스타트업, 공연, 전시, 축제 기획, NFT 아트, 페스티벌' 등 본인의 사업을 설명하는 키워드로 구글 검색에 노출되도록 설계해야 한다. 검색엔진 최적화SEO를 넘어 AI검색 최적화AEO까지 고려해야 협업 기회를 늘릴 수 있다.

정리하자면 회사 소개서와 웹사이트는 브랜드의 정체성을 압축한 첫인상이며, 협상력을 만드는 전략적 도구다. 감각적인 디자인, 신뢰할 수 있는 숫자, AI 친화적 구조까지 고려해야 예술스타트업도 시장에서 제대로 존재감을 드러낼 수 있다.

6

운영하기

사람, 시스템 그리고 나

ART FOR
SALE

번아웃,
어쩌면 환경의 문제다

누구보다 큰 열정과 확신으로 사업을 시작하더라도 시간이 지남에 따라 번아웃이라는 벽에 부딪힐 수 있다. 번아웃이란 '모든 것이 타버렸다'는 의미로, 극심한 피로와 무기력감에 빠져 모든 의욕을 잃은 상태를 가리킨다. 번아웃이 찾아오면 간단한 일조차 버거워지고, 평소 즐기던 업무도 의미가 없어 보인다.

번아웃이 반드시 나쁜 것만은 아니다. 누구나 살아가며 잠시 잠깐 번아웃 상태가 될 수 있다. 문제는 이 상태가 자주 반복되거나 또는 긴 시간 지속되는 것이다. 나는 번아웃의 빈도와 지속 시간이 개인의 '자가 동기 부여 능력Motivation'과 깊은 관련이 있다고 생각한다.

창업 후 많은 사람을 보며 깨달은 것 중 하나는 '업무 태도'가 그 사람의 단기적 성과뿐 아니라 장기적 커리어에도 영향을 미친다는 점이다. 그리고 이는 '직책'이나 '오너십 여부'가 아니라 '스스로 동기 부여가 가능한지'에 달려있다는 것이다. 외부에서 주입된 동기로만 움직이다 보면 대표도 쉽게 지칠 수밖에 없다. 이와 달리 스스로 동기를 부여하고 꾸준히 유지할 수 있다면 본부장이든 과장이든 심지어 인턴이라도 주체적으로 일하게 된다. 주체적으로 일하는 사람과 꾸역꾸역 일하는 사람은 업무를 대하는 태도와 결과가 현저히 다를 수밖에 없다.

나를 지켜주는 환경 설계

그렇다면 어떻게 해야 주체적으로, 지속적인 동기 부여를 유지하며 번아웃을 예방할 수 있을까?

나는 그 해답이 환경을 미리 설계하는 일에 있다고 생각한다. 동기와 열정은 하루아침에 생겨나는 것이 아니기 때문이다. 스스로를 지탱해주는 구조가 없으면 아무리 뜨거운 의지도 쉽게 식고 만다.

다행히 나는 아직 심각한 번아웃 상태에 빠진 적이 없다. 물론 순간적인 피로감이나 무기력은 누구에게나 찾아오지만, 그것이 장기적인 번아웃으로 이어지지는 않았다. 돌이켜보면 이는 단순히 체력이 좋거나 운이 좋아서가 아니라, 나에게 '동기 부여가 잘되는 환경'을 디자인하고 관리해왔기 때문이었다.

나는 내 마음의 리듬을 알고, 그 리듬이 흐트러지기 전에 스스로를 다시 세울 수 있는 장치를 만들어두었다. 그 장치들은 단순하지만 강력하다.

첫째, 강연을 자주 듣는다.

새로운 정보를 얻기 위한 목적보다, 다른 분야에서 활약하는 사람들의 이야기를 통해 호기심과 자극을 얻기 위함이다. 강연장을 나설 때마다 '나도 다시 해볼 수 있겠다'는 생각이 든다.

그들의 태도나 사고 방식, 살아가는 리듬을 바라보는 일은 내게 늘 새로운 자극이 되고, 이런 자극은 내적 동기를 다시 불러일으킨다. 업무를 완전히 다른 시각으로 바라보게 만들기도 한다. 때로는 전혀 모르는 사람이 던진 한 문장이, 몇 달간의 침체기를 단숨에 벗어나게 하는 힘이 되기도 한다.

둘째, 깊이 있는 대화를 나눌 수 있는 동료가 곁에 있다.

필더필을 함께 이끄는 공동창업자 오혜리, 이정은과의 끊임없는 교류는 나에게 큰 힘이 된다. 서로의 목표와 비전을 공유하다 보면 자연스럽게 건강한 추진력이 되살아난다. 서로의 생각을 경청하고, 때로는 부딪히기도 하며 결국 한 방향으로 나아가는 과정 자체가 나에게는 성장의 원동력이다.

약 10년째 이어온 조찬모임 '리피움Re-pium' 멤버들과의 대화도 마찬가지다. 교류 또한 늘 다른 시각과 현실적인 자극을 준다. 내가 속한 세계보다 조금 더 넓은 영역을 엿보게 해주기 때문이다.

셋째, 일과 무관한 친구들과의 관계를 유지한다.

20년 넘게 이어온 친구들은 내가 어떤 일을 하는지 정확히 알지 못한다. 그들에게는 직함도, 실적도, 매출도 중요하지 않다. 그래서 그들과 함께 있을 때 나는 가장 '나'다운 상태로 돌아간다.

이런 순수한 관계는 내게 안정감을 주고, 일에서 받은 긴장과 피로를 자연스럽게 풀어준다. 특히 힘든 시기에는 가족만큼이나 이 친구들의 존재가 심리적 완충지대가 되어준다. 이런 관계야말로 번아웃을 예방하는 가장 든든한 심리적 안전망이다.

마지막으로, 거의 매일 운동을 한다.

주 5~6회, 하루 한 시간 정도 운동하는 루틴은 단순한 체력 관리가 아니다. 몸의 피로를 해소하는 동시에 정신적 에너지를 회복시키는 강력한 장치다.

하루를 운동으로 시작하면 하루가 더 활기차고, 몸이 단단해질수록 마음도 단단해진다는 사실을 체감하게 된다.

결국 번아웃을 막는 핵심은 의지보다 환경이다. 인간의 의지는 생각보다 쉽게 흔들리고, 감정은 수시로 변한다. 하지만 환경은 습관을 만들고, 습관은 다시 나를 움직인다.

결국 나를 앞으로 이끄는 힘은 하루의 결심이 아니라, 그 결심이 자연스럽게 작동하도록 설계된 환경 그 자체일지 모른다.

그리고 리더에게 이 환경은 단지 개인의 안정만이 아니

라, 팀 전체의 에너지와 리듬을 결정짓는 기반이 되기도 한다. 매일 지쳐 있고 예민한 리더와 일하고 싶은 동료가 있을까? 이 질문을 스스로에게 던지며, 나를 지켜주는 환경을 다시 디자인해볼 필요가 있다.

예술업계는 왜
학위가 중요할까?

미술 분야는 특히 고학력자가 많다. 업계 종사자뿐 아니라 예술가들도 석사 학위 이상인 사람이 많은 편이다. 그래서 예술계 진로를 희망하는 사람들이 가장 많이 하는 질문은 단연코 이것이다.

"대학원을 꼭 가야 할까요?"

학사 이후 곧장 석사 과정에 진학한 내 입장에서는 결코 '필요 없다'고 말할 수 없다. 실제로 대학원은 여러 면에서 도움이 된다. 그러나 대학원에 진학할 생각이라면 반드시 '언제'와 '어디', 두 가지를 신중히 고민하라고 이야기하고 싶다. 대학원 진학 유형은 크게 두 가지다.

첫째, 학사 졸업 직후 바로 이어서 진학하는 경우.

둘째, 현장에서 일하다가 일정 경험을 쌓은 뒤 진학하는 경우.

나는 전자의 길을 걸었지만, 되돌아보니 후자였으면 더 좋았겠다 싶다. 대학원에서 얻을 수 있는 가치는 크게 학업과 네트워크인데, 어느 정도 현업 경험이 있어야 둘 다 수월하게 잡을 수 있기 때문이다.

왜 현직 경험이 중요할까?

어떤 이들은 '일과 학업의 병행은 너무 힘들다, 오직 학문에만 몰두할 수 있는 시기가 필요하다'고 주장한다. 정말 그럴까? 주변을 돌아보면 현업에 종사하며 대학원 재학 중인 사람들이 오히려 더 빠르게 실용적이고 의미 있는 논문 주제를 설정하곤 한다. 예술경영 쪽 논문을 문헌 조사로만 작성하기는 거의 불가능하기 때문일 것이다. 현장 인터뷰, 기관 사례, 프로젝트 경험이 반드시 필요하다.

업계 경험은 논문의 빠른 작성과 깊이 있는 연구 주제에

도움을 준다. 업무와 학업을 병행하는 것은 고생이겠지만, 그 고생은 결코 헛되지 않는다. 일터에서 부딪히게 되는 문제의식을 학문적 탐구로 연결할 수 있기 때문에 '이론과 현장'의 두 날개가 맞물리며 더 큰 시너지를 낼 수 있다.

대학원이 주는 또 하나의 자산: 인적 네트워크

동문 네트워크는 대학원에서 얻을 수 있는 또 다른 자산이다. 학생 신분이기만 하면 교류의 폭이 제한적일 가능성이 높지만, 조직에 몸담고 있다면 학우들과 더 깊은 협업 관계를 만들 수 있다. 프로젝트 제안, 공동 연구, 향후 파트너십까지 확장될 가능성이 훨씬 크다.

나 역시 사업 시작하 후 대학원에 진학했더라면 동문들과 더 많은 지점에서 교류했으리라는 아쉬움이 남는다. 대학원 인맥은 장기적으로 함께 업계를 이끌어갈 동반자로 발전할 수 있다. 만약 대학원 진학 고민 중이라면 다음 두 가지를 반드시 고민해보자.

1. 언제 갈 것인가?

- 바로 진학? vs. 현업 경험 후 진학?

- 연구와 네트워크를 모두 잡으려면 현업 경험이 쌓인 후가 유리.

2. 어디로 갈 것인가?

- 문화예술경영, 미술경영, 공연기획, 예술학 등 특화 학과 선택.

- 혹은 언론홍보, 경영학 등 인접 학문으로 확장 선택.

- 교수진, 학교 인프라, 해외 연계 프로그램 여부도 필수 고려사항.

학교 선택의 기준

진학 시기를 정했다면 다음 과제는 '어떤 학교를 선택할 것
인가'이다. 이는 더 까다롭고 중요한 문제다.

- **전공 특화** : 나의 연구 분야에 강점을 가진 학교를 선택.

- **교수진과 인프라** : 업계에서 명망 있는 교수 또는 꼭 지도받고 싶
  은 교수가 있는지 확인.

- **해외 연계와 실습 기회** : 최근 많은 대학원이 해외 프로그램, 현장 기관 실습과 연계돼 있음. 강의실 학문에 벗어나 실제 프로젝트와 연결되는지가 중요한 판단 기준.

예술계에서는 언제, 어떤 대학원을 선택하느냐에 따라 학위의 가치가 배가되거나 반감된다. 대학원은 현업 경험과 맞물릴 때 논문 주제는 더 빨리 잡히고 연구는 더 깊어지며, 네트워크는 더 단단해진다. 현재 대학원 진학을 고려 중이라면 '남들이 다 가니까'가 아니라 '나의 타이밍과 목표에 맞는 선택'이 무엇인지 꼭 고민해보길 바란다.

최고의 성과를 만들어내는 근무 방식은 무엇일까?

코로나19가 전 세계를 강타했을 때, 일하는 사람들은 대부분 혼란에 빠졌다. 프리랜서, 회사원, 사업가를 가리지 않고 말이다. 사무실에 모이는 것 자체가 위험 요소가 되면서 출근을 고집하던 회사들조차 재택근무를 피할 수 없게 된 탓이었다. 정말 다행스럽게도 원래부터 원격·자율 근무 체제를 운영하고 있던 널위한문화예술은 이 시기에도 큰 혼란을 겪지 않을 수 있었다. 참고로 우리 회사는 VC가 제공한 대학로 코워킹스페이스에서 시작했는데, 당시 함께 입주해 있던 팀 중에는 뉴닉과 어피티 같은 신세대 미디어 스타트업도 있었다.

본론으로 돌아와서, 대학원 재학 중 회사에 합류한 나와 공동대표 대우 님이 지향하던 자유로운 근무 문화는 자연스럽게 초기 멤버들의 리듬으로 굳어졌다. 주 1회 정기 회의를 위해 사무실에 모이고, 나머지는 필요할 때만 코워킹스페이스를 활용하는 방식이었다.

우리가 이 방식을 택한 것은 규칙적으로 업무를 반복하는 것만으로는 스타트업이 성장할 수 없기 때문이다. 스타트업에서는 팀이 설정한 목표 아래 액션을 만들고, 일정 기한 안에 해내는 것이 중요하다.

팀 규모 확장과 운영의 고민

팀 규모가 커지자 새로운 문제가 생겼다. 사람 수가 늘어날수록 새로운 조직 운영 방식이 필요해진 것이다.

이 시기 나는 프로젝트 매니저에서 COOChief Operating Officer(최고 운영 책임자)로 직함이 바뀌며 조직의 운영을 책임지게 됐다. 조직 운영 관련 서적을 탐독했고, 각종 세미나에도 적극적으로 참여했다. 비슷한 규모거나 한발 앞서 성장한

선배 스타트업들을 찾아가 직접 듣는 생생한 노하우도 많은 도움이 됐다.

최고의 성과를 내기 위한 핵심은? 이 질문에 내가 내린 결론은 가장 적합한 근무 방식의 정립이었다. 그러나 사람마다 최적의 환경은 다르다. 누군가는 사무실에서 집중할 때 성과가 나고, 또 다른 누군가는 집에서 혼자 몰입할 때 창의성이 발휘된다. 그래서 나는 재택과 사무실 출근의 장점을 모두 취하는 방식을 선택했다. 아래는 우리가 정한 원칙이다.

- 오피스는 존재하되 출근은 자율.
- 다만 집중 연락 가능 시간대를 정해 최소한의 동시성을 확보.
- 팀별로 필요한 경우에는 자체적으로 출근 일정을 정해 협업.
- 중요한 것은 마감을 정하고, 그때까지 업무를 수행하는 것이 필요.

이러한 하이브리드 근무 방식은 스타트업 특유의 유연성을 유지하면서도 팀워크와 퍼포먼스를 잃지 않는 절충안이었다.

유연 근무의 의외의 효과, 인재 확보

현재도 널위한문화예술은 이전과 같은 큰 틀을 유지하면서 그 안의 툴과 규칙을 조금씩 다듬고 있다. 노션과 슬랙 같은 협업 툴은 기본이며 회의와 보고 방식도 팀 상황에 맞게 설계해왔다.

이런 하이브리드 방식의 가장 큰 강점은 좋은 인재를 놓치지 않을 수 있다는 점이다. 만약 인재가 자녀를 키우고 있다면 유연한 근무제도가 일과 육아를 병행할 수 있게 도와줄 것이다. 여전히 근무 중인 콘텐츠팀 핵심 인재 또한 1년 넘는 육아휴직 끝에 복직했는데, 이탈 없이 쭉 함께하고 있다. 더불어 비주얼 디렉터는 자신만의 공간에서 깊은 몰입이 필요했는데, 사무실 출근을 강제하지 않은 덕에 창의성을 유지할 수 있었다고 한다. 전시 티켓 소싱을 위해 일주일에 2~3일은 반드시 전시회 현장을 다녀야 하는 커머스팀 MD도 반드시 출근해야 했다면 애초에 함께하기 어려웠을 것이다. 즉, 유연한 근무 제도는 그 자체로 인재 유치와 유지의 핵심 전략으로 작동했다.

글로벌 확장을 위한 준비

최근 널위한문화예술은 해외 미디어 론칭을 위해 아시아 기반 파트너들과 협업을 늘려가고 있다. 유연 근무는 이를 위해서도 필요하다. 해외에 거주하는 인재와의 협업, 시차를 고려한 프로젝트 진행, 다양한 계약 형태의 파트너십까지 모두 열려 있어야 하기 때문이다.

이 모든 경험으로 얻은 교훈은 명확하다. 근무 방식은 고정된 제도가 아니다. 성과와 팀 상황에 따라 끊임없이 진화해야 한다. 지금의 최선이 내일도 최선일 수는 없다. '언제든 변화할 수 있다'는 유연함은, 최고의 성과를 내기 위해 스타트업이 갖춰야 할 가장 중요한 조건 중 하나다.

물론 자율근무제의 위험성도 존재한다. 가장 큰 것은 팀워크와 소속감의 약화일 것이다. 이 때문에 팀별로 팀장이 대면으로 업무를 논의할 필요가 있을 수도 있다. 효과적인 회의를 위해 일주일에 1회, 적어도 격주로 하루 정도는 만남을 가지도록 권유해야 할 수도 있다.

또 다른 문제는 과로다. 자율근무가 '아무 때나 일할 수 있다'로 해석되면 오히려 근무 시간이 늘어나기도 한다. 집과 일이 분리되지 않아 퇴근 후에도 카톡·슬랙 알림에 반응하다 보면 장기적으로 번아웃이 올 수도 있다. 이 때문에 팀장들이 주기적으로 원온원 미팅 등으로 팀원들의 동기 부여 상태를 체크하는 인사 시스템이 필요하다.

알아두면 득이 되는
계약/법률 관련 팁

'계약서를 얼마나 신경 써야 할까?'는 초보 창업자들의 또 다른 고민 중 하나다. 예술 분야는 계약을 대충 넘기기 쉽다. '작품이 좋으면 알아서 팔리겠지?', '구두 약속이면 충분하지 않나?' 이렇게 생각하면서 말이다.

표준계약서가 답은 아니지만, 출발점은 된다

현실적으로 예술비즈니스의 80퍼센트는 계약으로 시작해 계약으로 끝난다. 전시, 판매, 제작, 공연, 플랫폼 운영 등 거의 모든 단계에서 계약이 발목을 잡을 수 있다.

문화체육관광부와 예술경영지원센터는 그동안 미술·공연·음악·디자인 등 다양한 분야의 표준계약서를 배포해왔다. 분야마다 배포 시기는 달랐지만, 미술 분야의 경우 비교적 최근인 2022년 배포가 이뤄졌다.

다양한 거래 유형(전시, 판매위탁, 전시기획, 모델 계약 등)에 대응한 미술 분야 표준계약서의 고시와 배포는 불공정 거래를 실질적으로 해결했을 뿐만 아니라 "우리 사이에 무슨 계약서예요"처럼 계약서를 작성하지 않고 넘어가려는 비즈니스 문화를 많이 개선시켰다.

당연한 이야기지만 계약서들은 불공정 거래 방지와 최소한의 권리 보호를 목적으로 만들어졌다. 신진 작가·기획자 입장에서는 표준계약서를 기본 틀로 삼으면 협상력이 한결 높아진다. 이는 예술을 활용한 비즈니스에도 자연스레 많이 적용된다.

다만 표준계약서는 어디까지나 출발점일 뿐이라는 점을 명심하면 좋겠다. NFT, 스트리밍, 글로벌 라이선스 등 동시대 이슈는 아직 충분히 반영이 되지 않았기 때문에 반드시 추가 조항을 검토해야 한다.

■ 예술스타트업에서 반드시 짚어야 할 계약 체크포인트

- **권리 귀속**: 작품 소유권과 저작권은 별개다. 소유자는 작품을 소장할 수 있지만, 저작권은 여전히 작가에게 있다. 계약서에 저작재산권 양도/사용 범위를 반드시 명시해야 한다. 전시 기획자나 콘텐츠 제작자가 작품 실물을 빌리거나 구매했다고 해서 영상·카탈로그·굿즈·SNS 콘텐츠로 자유롭게 사용할 수 있는 것은 아니다. '홍보를 위해서니까 당연히 가능하다'는 생각이 가장 위험하다. 기획자/경영자는 항상 '촬영, 배포, 판매, 해외·온라인 확장'이라는 네 가지 키워드를 기준으로 계약 범위를 확인해야 한다.

- **수익 배분**: 판매 수익, 라이선스, 굿즈 제작, 2차 저작물 사용 등 항목별로 구체적 비율을 적시해야 한다. 또한 정산 금액이 총매출인지 순매출인지 계약서에 반드시 명확한 기준을 적는 것이 필요하다. 정산 주기 또한 중요한데, '전시 종료 후 30일 이내', '매 분기 말일 기준 45일 이내'처럼 시점을 명확히 해야 한다.

- **디지털 활용**: 온라인 전시, NFT, 메타버스, AI 학습 데이터 활용 등 새로운 권리 항목은 반드시 추가 조율이 필요하다. 공연·판권의 경우 연출·번역·출연 승인권, 로열티 산정 기준, 재공연 제

한 조건 등이 핵심이다.

- **기간과 지역**: 계약이 유효한 기간, 권리가 적용되는 지역(국내/해외)을 명확히 써야 분쟁을 막을 수 있다. 만약 이커머스e-commerce 사업을 준비하고 있다면 카드 결제대금이 결제대행PG사를 거쳐 들어오기 때문에 보통 2~4주 지연된다는 사실을 명심해야 한다. 이 때문에 정산일을 '매출 발생 즉시'로 잡으면 자금 흐름이 꼬일 수 있다. 계약서에는 '매출 발생 후 ○주(통상 4주) 이내 정산'과 같이 명시하는 것이 안전하다.

계약 시 현실적인 조언

첫째, 표준계약서를 다운받아 기본 골격으로 삼자. 그것만으로도 '아무 계약서도 없는 상태'보다 훨씬 안전해진다. 좀 더 나아가자면, 표준계약서로 첫 계약서의 뼈대를 잡고 '로톡' 같은 시간제 상담으로 검토하면 비용 최소화할 수 있다.

둘째, 정부·공공 지원 무료 법률 상담도 잊지 말자. 예술경영지원센터의 경우 문화예술 표준계약서 관련 무료 상담

지원을 해주고 있다. 예술경영지원센터에서는 법률 관련한 아카데미도 꾸준히 개설해 운영 중이며, 온라인 강좌도 개설 돼 있으니 홈페이지를 살펴보고 도움을 받아보자. 예술인·기획자 대상 온라인/전화 상담 신청이 가능하다. 서울창업허브, 창업진흥원 등에서도 무료 법률/세무 자문 정기 운영을 하고 있으니 참고하자.

셋째, 효율적인 전자 계약을 활용하자. 계약을 맺는 회사 내규상 반드시 지류 계약을 고집하는 경우도 여전히 존재한다. 그런 특별한 경우를 제외하고는 네이버클라우드사인, 모두싸인 같은 사이트에서 서류를 최대한 효율적으로 관리해보자. 당연한 이야기처럼 들릴 수 있지만, 전자 계약 시스템을 활용하는 것이 효율적이다.

스타트업은 어떻게 과정을 자산화할 수 있을까?

많은 초기 창업팀이 프로젝트가 끝난 후 결과물만 남기고, 그 과정에서 축적된 수많은 고민·의사결정·실패 기록은 흘려보내 버린다. 이에 많은 스타트업이 '우리의 업무 과정을 어떻게 지속 가능한 자산으로 만들까?'를 고민한다. 성과가 나오기까지의 과정이야말로 스타트업의 가장 큰 자산이기 때문이다.

기록된 과정은 회사가 멈추지 않고 성장할 수 있는 기초 체력이기도 하다. 팀에게 학습과 성장의 기회뿐 아니라 파트너와의 협업 가능성 및 투자자의 신뢰꺼자 안겨준다. 과정을 어떻게 기록하고, 아카이빙하느냐가 곧 회사의 신뢰, 협상력, 생산성으로 이어진다는 사실을 명심하자.

'말과 아이디어'를 기록해 자산화ASSET하기

속도가 빠른 스타트업에서는 과정이 쉽게 사라지곤 한다. 회의에서 왜 이런 결정을 내렸는지, 최종본에 이르기까지 제안서에 어떤 수정이 있었는지, 실패한 시도에서 얻은 교훈은 무엇이었는지 등등.

기록되지 않은 성과는 자산이 될 수 없다. 이런 과정이 남아 있지 않으면 다음 프로젝트에서도 똑같은 시행착오를 반복할 수밖에 없다는 이야기다. 하지만 기록해두면 그것이 곧 조직의 집단지성이 되고, 시간이 지날수록 쌓이는 무형의 자산이 된다. 일례로 어떤 스타트업은 이렇게 운영한다.

- 회의 후 5분 내 간단한 회의록을 작성해 노션에 기록.
- 아이디어가 떠오르면 구글드라이브의 '아이디어 박스' 폴더에 저장.
- 팀 슬랙 대화 중 의미 있는 인사이트는 바로 노션에 클리핑.

또 다른 어떤 팀의 노션 첫 페이지에는 이렇게 적혀 있다고 한다.

"우리가 회의에서 주고받은 모든 이야기는 자산입니다. 자산을 기록합시다 :)"

아무리 소소하게 느껴지는 아이디어라도 쌓이면 시간이 지날수록 회사의 학습 데이터베이스가 된다. 게다가 조직 바깥의 사람들에게 '이 회사는 과정까지 관리한다'는 점도 보여줄 수 있다. 이는 기록하지 않으면 보여줄 수 없는 신뢰의 증거다.

'자료'를 아카이빙해 조직의 자산으로 만들기

스타트업이 성장할수록 프로젝트별 산출물, 계약서, 보도자료, 이미지와 영상 파일이 눈덩이처럼 불어난다. 실제 자료는 회의 기록과 아이디어만큼 중요한 까닭이다. 그렇다면 어떤 식으로 자료를 관리해야 할까? 우선 자료를 어떻게 분류할지 정할 필요가 있다. 구체적으로 몇 가지 예를 들어보겠다.

- **회사의 역사**: 과거의 산출물이 모이면 곧 회사 연혁이 된다.

- **팀 효율성**: 자료가 체계적으로 정리돼 있으면 누구나 빠르게 찾아 쓸 수 있다.

- **신규 멤버 온보딩**: 잘 정리된 아카이브는 신입 직원이 회사를 가장 빨리 이해하는 교재가 된다.

자료 관리에서 가장 중요한 것은 언제나 내부 원칙이다. '파일 이름은 모두 YYYYMMDD_프로젝트명으로 통일한다', '최종본은 반드시 PDF로 저장한다' 등의 원칙만 있어도, 체계적으로 자료를 축적할 수 있다. 그럼 이제 회사에서 자료를 체계적으로 아카이빙할 수 있는 도구들을 살펴보자.

1. 클라우드 기반: 구글 드라이브/드롭박스/네이버 마이박스

클라우드 기반 솔루션은 한마디로 팀의 모든 파일을 안전하게 쌓아두는 온라인 창고로, 가장 처음에 쉽게 시작할 수 있는 도구이기도 하다. 사진, 영상, 계약서, 프레젠테이션, 심지어 실시간 협업 문서까지 모두 저장 가능하다. 계정만 있으면 언제 어디서든 접근할 수 있다는 것도 장점이다.

뒤에 설명할 노션이 회사의 '사무실'이라면, 구글드라이브는 그 사무실의 '자료 보관실'에 가깝다. 문서를 버전별로 관리하고, 외부 협력자와도 간편하게 링크로 공유할 수 있기 때문에 스타트업에게 필수적인 백업 도구다.

- **프로젝트 폴더링**: [연도]–[프로젝트명]–[산출물] 규칙으로 정리
- **용도별 구분**: 원본/편집본/최종본/프레스킷.
- 계약서·보도자료·기사 스크랩은 PDF로 저장 → 위·변조 방지 + 빠른 검색.
- 구글드라이브는 무료 15GB 제공, 필요시 월 2,400원(100GB)부터 유료 플랜 확장 가능.
- 드롭박스는 대용량 파일 공유·외부 협업에 강점.
- 네이버 마이박스는 저렴한 요금으로 장기 백업에 적합.

2. 자체 서버 구축: NAS

만약 자료의 양이 아주 많고, 주로 영상·대용량 파일을 다룬다면 NAS Network Attached Storage를 추천한다. NAS는 현재 스타트업들이 가장 많이 선택하는 솔루션이기도 하다.

장점

- **로컬 내 사설 클라우드**: 인터넷만 연결되면 어디서든 접속 가능.

- **무제한 용량**: 하드디스크를 교체·추가하면 확장 가능.

- **동시 편집**: 여러 명이 같은 파일을 동시에 열어 작업 가능.

- **보안 강화**: 데이터가 회사 내부 서버에 있어 외부 유출 위험이 적음.

- **자동 백업**: 팀원 PC, 심지어 휴대폰 사진·문서까지 자동 동기화.

활용 방법

- NAS 전용 앱(Drive, Moments, Office)을 설치해 구글드라이브처럼 쓰면서도 보안·용량에서 자유로움.

- 버전 관리 기능으로, 실수로 파일을 지워도 이전 버전 복구 가능.

- 외부 파트너와도 보안 링크를 통해 자료 공유 가능.

- 영상 제작·공연 산업처럼 대용량 데이터를 다루는 예술스타트업에게 특히 유리함.

오늘날 많은 영상/공연 분야 스타트업들이 구글드라이브와 NAS를 같이 쓴다. 단기 협업 파일은 클라우드, 장기 보관·아카이빙은 NAS 방식으로 효율을 극대화하는 것이다.

커뮤니케이션이 자산이 된다

내부 소통도 스타트업의 중요한 자산 중 하나다. 슬랙에서 오간 대화 속 결정과 합의, 이메일로 주고받은 주요 피드백, 카카오톡 단체방에서 나온 인사이트 등이 모두 기록돼야 '왜 이 같은 결정을 내렸는가?'라는 질문에 대답할 수 있기 때문이다. 나중에 돌아보면 프로젝트의 맥락이 되는 중요한 기록이다.

다음 도구들을 활용해 구성원들의 커뮤니케이션을 효율적으로 기록해보자.

1. 슬랙이라는 커뮤니케이션 허브

슬랙은 팀의 모든 대화를 한곳에 모아주는 팀 커뮤니케이션 공간이다. 얼핏 카카오톡의 단체 채팅방과 비슷해 보일 수도 있지만, 단순한 대화 도구를 넘어 업무 커뮤니케이션을 구조화해주는 협업 툴이다.

속도가 생명인 스타트업에서 이메일은 너무 느리다. 그렇다고 개인 메신저로 소통하자니 자료가 흩어지기 쉽다. 슬랙은 채널별 대화, 파일 공유, 외부 툴 연동 등으로 팀 커뮤니케이션을 빠르고 체계적으로 만들어준다. 슬랙의 장점은 다음과 같다.

- **채널 관리**: 프로젝트·팀 단위로 채널을 나눠 대화 → '누구랑 무슨 이야기를 나누었는지' 한눈에 확인 가능.
- **검색 기능**: 지난 회의 내용, 파일, 링크를 대화 기록에서 바로 검색 가능 → 카톡 스크롤 노가다 필요 없음.
- **외부 툴 연동**: 노션, 구글드라이브, 지라, 피그마 등과 연결 → 새 문서나 수정 사항이 채팅에 자동 알림.
- **비동기 협업**: 멤버가 동시에 접속하지 않아도 기록이 남아 나중에 확인할 수 있어 효율적.

무료 버전에서도 기본적인 채널 운영과 최근 90일 대화 검색이 가능하지만 실제로 쓰다 보면 기록 보관이 짧아 불편하기 때문에 보통은 월 8달러(약 1만 원) 정도의 스탠다드 요금제를 선택한다. 이 단계부터는 무제한 메시지 검색, 더 정교한 권한 관리, 무제한 앱 연동이 가능하다. 팀 규모가 커지고 외부 협력사가 많아질수록 '팀의 기록이 쌓이는 커뮤니케이션 허브'로서 슬랙의 가치는 커질 것이다.

2. 노션이라는 온라인 사무실

노션은 업무의 모든 것을 한곳에 모아주는 온라인 사무실이다. 문서 작성, 회의록, 일정, 아이디어 메모, 프로젝트 관리까지 따로 써야 하던 툴들을 하나로 합쳐주는 서비스라고 생각하면 된다. 2013년 샌프란시스코에서 단 네 명이 시작한 작은 스타트업으로 출발해, 지금은 전 세계 3,000만 명 이상이 쓰는 필수 협업 툴이 됐다.

스타트업들이 노션을 쓰는 이유는 간단하다. 자료가 흩어지지 않고, 누구나 쉽게 업데이트할 수 있으며, 투자자나 파트너에게도 링크 하나로 바로 회사의 자산을 보여줄 수 있기 때문이다.

- **회사 위키**Company Wiki: 미션·비전·팀 소개·연혁 정리 → 누구나 업데이트 가능.
- **프로젝트 아카이브**: 각 프로젝트별로 산출물, 결과, 언론보도, 피

드백을 한 페이지에 모아두기.

- **템플릿 활용:** 회의록·OKR(목표Objective와 핵심 결과Key Results)·콘텐츠 제작 가이드 같은 템플릿을 만들어 팀 전체가 같은 양식으로 기록.

- **외부 공유:** 투자자·파트너에 보여줄 수 있는 '공개용 페이지' 별도 생성(예: Media Kit, 보도자료 모음).

무료 버전으로도 두세 명이 아이디어 정리하고 회의록만 남기기는 충분하다. 하지만 팀으로 움직이기 시작하면 월 1만 3천 원 정도(10달러)만 내면 되는 'Plus 요금제'가 딱 맞다. 파일도 무제한으로 올릴 수 있고, 권한 관리도 돼서 협업하기 훨씬 편하다.

사실 대부분의 스타트업은 이 단계까지만 써도 운영에 충분하다. 무슨 툴이든 직원이 10명 이상으로 늘어나면 그때 가서 더 높은 요금제를 고려하면 된다. 스타트업마다 필요가 다를 테니 자산화를 더 강력하게 만들어 줄 사례별로 묶어 소개해보겠다.

- **아이디어 교환 시** : 노션, 피그마 화이트보드.

- **자료 백업 시** : 구글드라이브, 드롭박스, 시놀로지 NAS.

- **커뮤니케이션** : 슬랙, 디스코드, 마이크로팀즈.

- **슬랙과 노션의 연동** : 대화 중 중요한 인사이트를 /save 하거나 Notion API로 자동 저장.

- **피그마** : 디자인 산출물의 버전을 체계적으로 관리 → '과거 디자인 히스토리'도 자산.

- **미로** : 브레인스토밍 아이디어를 시각적으로 정리 → 회의 메모를 '자산화된 맵'으로 변환.

효율적인 기록을 위한 현실적인 조언

첫 기록은 완벽하지 않아도 괜찮다. 중요한 건 버리지 않는 것이다. 노션 페이지든, 드라이브 폴더든 어딘가에 남겨두자.

'어디 저장해야 할까?'

고민하지 말고 그때그때 기록하자. 노션이든 구글드라이브든 일단 임시저장 후 나중에 분류하는 것을 추천한다.

무엇보다 꾸준히 기록을 업데이트하는 습관을 들이자. 자산화는 한순간의 성과가 아니다. 매일 반복적으로 쌓아가야 가능한 결과다. 매주 금요일 30분 팀 회의 시간에 이번 주 팀 내 기록을 점검해보자. 이런 노력으로 효율적으로 기록을 관리할 수 있다.

언제든 투자자·파트너가 볼 수 있다는 생각으로 기록을 정리하면 품질은 자연스럽게 올라간다. 스타트업이 자산화해야 하는 것은 '성과'가 아니라 과정이다. 그 과정이 기록으로 남고, 자료로 정리되고, 커뮤니케이션으로 이어질 때 회사는 더 단단한 조직 지성으로 빛날 수 있다.

예술로 길을 만드는 사람들에게

누군가 예술 분야에서 사업을 하게 된 계기를 물은 적이 있다. 그때는 예술이 돈이 되기 때문이라기보다는, 예술을 지지하고 예술이 보여주는 세계를 사랑했기 때문이었다. 예술은 다양한 시선과 삶을 포용하고, 각자가 자신의 목소리로 생각과 감정을 표현할 수 있는 특별한 공간이다. 우리는 그 점에 끌렸던 것 같다.

예술가는 세상이 미리 정해둔 질서와 기준을 따르기보다 자기만의 속도와 언어, 신념으로 길을 만들어가는 사람이라고 생각했다. 이러한 사람들이 모여 움직이는 예술 생태계에서 활동하는 것 자체가 큰 의미이자 동력이 되었고, 눈에 잘 드러나지 않더라도 예술이 지닌 가치는 우리의 일상을 단단하게, 자유롭고 풍요롭게 만든다는 믿음이 우리를 그 길로 이끌었다.

"예술이 돈이 될 수 있을까?"라는 질문

시간이 흐르며 다시 돌아보니, 예술의 가치와 힘은 생각보다 더 명확하고 선명하게 우리 일상에서 드러나고 있었다. 이제 예술은 각종 통계와 수치, 다양한 현장과 정책, 데이터 속에서 사회적 역할을 증명하고 있다.

숫자로 온전히 설명할 수는 없어도 우리는 여전히 미술관에서 그림 앞에 서고, 공연장을 찾고, 퇴근 후 무언가를 만들거나 좋아하는 예술가의 책을 읽으며 스스로에게 예술적 에너지를 채워 넣는다. 설명하기 어려운 이 힘이 나를 비롯한 많은 이들을 계속 이끌고 있음을 실감하게 된다.

그럼에도 "예술이 돈이 될 수 있을까?"라는 질문은 끊임없이 들려왔다. 책을 쓰며 내린 답은 이것이었다.

마치며

"이미 돈이 되고 있는데, 우리는 왜 이 질문을 반복하는가?"

예술도, 비즈니스도 우리에게 익숙하지만 '예술비즈니스'라는 말은 여전히 낯설다. 이 책은 바로 그 간극을 좁혀보고자 하는 두 사람의 기록이다. 예술은 과거에도 자본과 연결되어 있었고, 질문과 메시지가 중요한 시대에 예술은 사회와 산업 안에서 더욱 중심적인 역할을 하고 있다.

예술을 기반으로 한 시장에서는 창작자와 관객, 기업과 지역, 기술과 자본이 유기적으로 연결된다. 이제 예술은 비경제적인 일이 아니라 사람과 세상을 이어주는 하나의 시스템이자 산업의 언어로 자리 잡아가고 있다.

예술로 일하는 사람들에게 전하고 싶은 것들

이 책은 이러한 변화와 힘을 함께 생각해보고자 쓰였다. 이미 예술로 활동하는 사람은 물론, 앞으로 예술을 통해 새로운 일을 시작하거나 다른 분야와의 융합을 고민하는 사람들에게 실제적인 출발점이 되기를 바란다.

　예술계의 창업이나 새로운 시도에 관심 있는 이들에게 이 책은 두 명의 동료가 짧지만 강렬한 경험 속에서 얻은 고민과 사례, 때로는 실수와 좌절, 그리고 성장의 비결까지 허심탄회하게 나누는 자리이다.

　또한 예술 분야 입문을 준비하거나 새로운 시선을 찾는 분들을 위해 현실적인 체크리스트와 단계별 준비 팁도 담았다. 쉽게 지나칠 수 있는 시행착오와 미지의 영역에 도전하는 이들에게 필요한 성장의 힌트도 놓치지 않았다.

　예술에서 직업으로의 여정, 그리고 예술이 사회·기술·다양한 영역과 만나는 창의적 도전까지 이 책이 여러분 곁에서 언제든 펼쳐볼 수 있는 영감의 자원이 되기를 바란다.

　이 책에는 그간 직접 부딪치며 얻은 경험을 있는 그대로 담으려 했다. 예술비즈니스의 정답을 제시하기보다는 "우리는 이렇게 걸어왔고, 이렇게 시행착오를 겪었다"는 솔직한 기록에 가깝다. 그래서 이 책은 각자의 고민 단계나 필요에 따라 원하는 부분만 골라 읽을 수 있도록 유연하게 구성했다. 누군가에게는 막연한 꿈을 구체적인 시도로 바꾸는 계기가, 또 누군가에게는 이미 하고 있는 일을 더 단단하게 다지는 안내서가 되기를 바란다.

　'예술'과 '비즈니스'의 정의가 쉬이 바뀌는 시대다. 우리가 어떻게 '예술비즈니스'를 정의하느냐가 곧 활동할 시장의 크기를 결정할 것이다. 이 길을 함께 만들어가는 동료들, 그리고 앞으로 동료가 될 분들에게 이 책이 생각의 실마리와 용기가 되기를 희망한다. 언젠가 현장에서 꼭 만나기를 기대하며, 마지막까지 예술의 진정한 힘을 신뢰하는 모든 분께 이 책을 전하고 싶다.

KI신서 14002
예술을 팝니다

1판 1쇄 인쇄 2025년 12월 4일
1판 1쇄 발행 2026년 1월 7일

지은이 신다혜 이지현
펴낸이 김영곤
펴낸곳 ㈜북이십일 21세기북스

인문기획팀장 양으녕 **책임편집** 이지연 **마케팅** 김주현
디자인 유어텍스트
영업팀 정지은 한충희 장철용 남정한 나은경 강경남 황성진 김도연 이민재
제작팀 이영민 권경민

출판등록 2000년 5월 6일 제1406-2003-061호
주소 (10881) 경기도 파주시 회동길 201(문발동)
대표전화 031-955-2100 **팩스** 031-955-2151 **이메일** book21@book21.co.kr

ⓒ신다혜 이지현, 2026
ISBN 979-11-7357-702-4 03320

㈜북이십일 경계를 허무는 콘텐츠 리더

21세기북스 채널에서 도서 정보와 다양한 영상자료, 이벤트를 만나세요!
페이스북 facebook.com/jiinpill21   포스트 post.naver.com/21c_editors
인스타그램 instagram.com/jiinpill21   홈페이지 www.book21.com
유튜브 youtube.com/book21pub

 당신의 일상을 빛내줄 **탐**나는 **탐**구 생활 〈탐탐〉
21세기북스 채널에서 취미생활자들을 위한 유익한 정보를 만나보세요!

• 책값은 뒤표지에 있습니다.
• 이 책 내용의 일부 또는 전부를 재사용하려면 반드시 ㈜북이십일의 동의를 얻어야 합니다.
• 잘못 만들어진 책은 구입하신 서점에서 교환해드립니다.